パンづくりの
失敗と疑問を
スッキリ解決する本

パン教室 Bread & Sweets主宰
坂本りか監修

ナツメ社

はじめに

ご家庭でパンづくりを楽しむ方が、年々増え続けています。
それだけ、材料や道具が手に入りやすくなり、
パンづくりに適した環境を、
ご家庭でも整えやすくなってきたともいえるでしょう。

本書では、パンづくりを少し経験している方、
まだあまり慣れていない方が抱える、
パンづくりにまつわるさまざまな疑問や失敗の解決法を紹介しています。
パンは、イーストという微生物を扱わなければならないので、
温度管理やこね具合など、さまざまなことがわかっていないと、
最高においしいものはつくれません。

パンというものは、
「失敗したらどう修正したらいいの？」

というのは難しく、

「失敗しないようにするためには……」

という風に考えなければなりません。
なぜなら、イーストは焼くまでは常に働き続けていますし、
途中で元に戻るというのは難しいのです。

材料の上手な扱い方、パンのこね、発酵、成形、焼成など。
きちんと、基本通りにやると、時間もかかりますし、
難しいことも多いかもしれません。
しかし、それがパンづくりの醍醐味でもあるので、
一緒に勉強していきましょう。

本書では家庭用のオーブンを使用しています。
まずは基本のパンを何度かつくり、
それをよりおいしくつくれるようにしましょう。
くり返しつくることで技術も向上し、
いろんなパンがおいしくできるようになると思います。

坂本りか

Contents

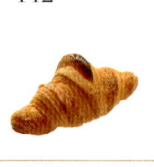

第3章 工程ごとの失敗と疑問を解決

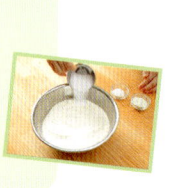

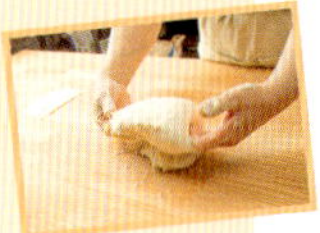

第4章 パンづくりの材料と道具の役割

本書の決まり

- レシピに表記しているパンDATAや所要時間はあくまでも目安です。季節や室温などによって変わるので注意してください。
- オーブンは機種により性能が異なるので、焼き時間に合わせて温度を調節してください。
- バターは基本的に無塩バターを、砂糖は基本的にグラニュー糖を使用しています。
- 打ち粉や型にぬる油脂類は分量外です。

パンづくりの材料はインターネットでも購入できます

ご自宅の近くのスーパーマーケットに材料が売っていない場合は、インターネットの通信販売を利用すると便利です。

■cuoca（クオカ）

パンづくりに必要な材料は基本的にすべてそろいます。パン用強力粉の品ぞろえも豊富。また、お菓子づくりの材料やラッピングの材料などもあります。

HP　http://www.cuoca.com/　　問い合わせ　0120-863-639

■富澤商店

とくに強力粉の種類の豊富さと良質な素材に定評があります。パンづくりの材料は珍しいものまですべてそろいます。

HP　http://www.tomizawa.co.jp/

第1章

パンづくりの基本

パンの種類や製法、つくり方の基本の流れなど、
パンづくりを始める前に基本的な知識を身につけておくと、
つくっている途中で悩むことが少なくなり、成功の近道となります。

パンの基本1

パンの種類と特徴

材料の配合やつくり方でパンの食感は変わります。ソフトからハードまでのパンの分類をみてみましょう。

古くから世界で愛される多種多様なパンの種類

世界で古くから親しまれているパンは、数千種類あるといわれ、国によって好まれる味や食感はさまざまです。たとえば、日本は食パンのようにやわらかいパンを好む傾向にありますが、ヨーロッパでは、かみ応えのあるフランスパンやライ麦パンが食事パンの主流です。

パンは主に食感の違いによって、「ソフト系」と「ハード系」に大別されます。「ソフト系」のパンは外側（クラスト）、内側（クラム）のどちらもやわらかく、メロンパンのように副材料を多く使う傾向にあります。

「ハード系」のパンは外側（クラスト）

バターロール

バターの風味が香るパン。比較的簡単につくれ、サンドイッチなどにも使える。

ハンバーガーバンズ

ハンバーグ以外のサンドイッチにも使える万能パン。

メロンパンやスイートロール

やわらかくしっとりとした生地に、フルーツやクリームを組み合わせた甘いパン。

ソフト系

ふんわりやわらか食感のパン。砂糖やバター、卵などが多く配合されている。

イングリッシュマフィン

焼き色が白っぽくコーンミールがたくさんついているのが特徴の、イギリスで親しまれるパン。

ブリオッシュ

バターや卵が多く使われるパン。写真の「ブリオッシュ　アテット」は有名な形。

クグロフ

陶器の型で焼く特徴的なパン。フランスの地方菓子としても有名。

フランスパン

基本材料のみでつくる、ハード系パンの代表。噛み応えのあるかたさが特徴である。

ライ麦パン

小麦粉の中にライ麦粉を配合。ライ麦粉が多いほど重たくなる。

パン・ド・カンパーニュ

「田舎風のパン」という意味をもつ。発酵種を多く使うのが特徴。

ハード系

パンの外側（クラスト）にかたさのあるパン。発酵ならではの風味が特徴。

セミハード系

ベーグル

生地をゆでることで弾力のある歯ごたえに。アメリカを中心に朝食の定番となっている。

フォカッチャ

イタリアの伝統的なパン。平たい形が特徴的で、ピザの原形。

食パン

今だにパン屋の売り上げNo1。日本の朝食にもなじみ深い。

折り込み系

生地にバターを折り込んでつくるパンには、クロワッサンやデニッシュがある。サクッとしたパイのような食感が特徴。バターを溶かさないようにつくるのがポイント。

がかたく、パリッとした食感です。フランスパンのようにシンプルな材料で発酵による風味を引き出してつくります。ほかに、上記に示したような折り込み系のパンもあります。

日本でも洋食が増え、ハード系のパンを食べることも多くなりました。ただ、もともとやわらかいパンを好む方も多いので、セミハード系のような、少しだけやわらかさのあるものを食事にする方も。

また、使う材料の違いによって、「リッチ」と「リーン」にも特徴づけられます。

「リッチ」なパン「リーン」なパンとは？

小麦粉、水、塩、イーストの４種類でつくるパンを「リーン」、さらに砂糖などの副材料が入るパンを「リッチ」という。

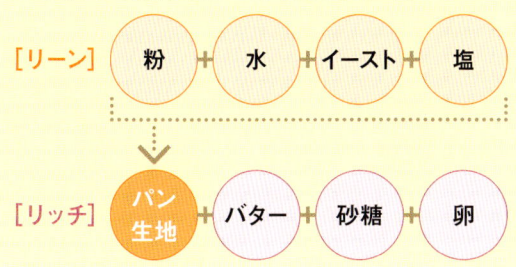

［リーン］ 粉 ＋ 水 ＋ イースト ＋ 塩

［リッチ］ パン生地 ＋ バター ＋ 砂糖 ＋ 卵

パンの基本 2

パンづくりの主な流れ

パンづくりの基本的な流れと動作の意味を理解してから、パンづくりを始めましょう。

1 下準備

パンづくりは材料の計量から始まる。また、バターなどは適温にする。正確に行わないと、パンのでき上がりに差が出る。

2 こねる

生地を均一にするだけでなく、グルテン（190ページ参照）をしっかりつくるために行う。

3 発酵

パンをふっくらさせるために必要な工程。生地内にあるイーストのはたらきを促す作業。

4 パンチ

発酵途中の生地を叩いてつぶすこと。こうして生地内のガスを抜くことで、キメ細かい生地になる。

5 分割

成形の前に、生地の分量が均等になるようにはかって分ける作業。

6 丸め

分割を終えた生地の表面を張らせるために行う作業。成形しやすくなる効果も。

すべてのパンが同じ工程ではない

右で紹介している工程の流れは、すべてのパンづくりに共通しているわけではありません。パンの種類によっては、こねる作業を2回行うものや、パンチを行わないもの、パンチを２回行うものなどさまざまです。

7 ベンチタイム

丸めたあとに生地を休ませること。成形しやすいように生地をゆるめる。

8 成形

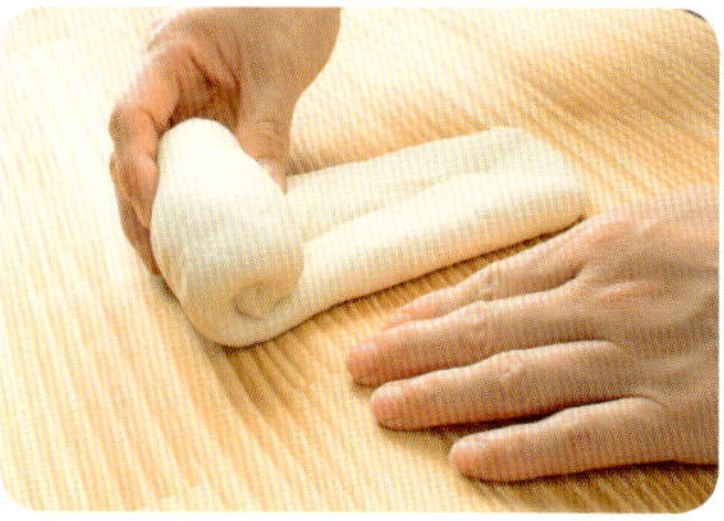

パンの形を整える作業。めん棒でのばしたり巻いたりなど、パンに合ったさまざまな形につくりあげる。

9 ホイロ

最後の発酵作業。パンがふんわりと仕上がる。このみきわめが一番難しいところ。

10 焼成

いよいよ最後の仕上げ。予熱でオーブン庫内を熱くした状態で焼き上げる。パンのふくらみを考えて並べること。

11 窯出し

型に入っているパンはすぐに型から外し、天板に並んでいるパンはクーラーに移す。熱いものの上からすぐに移動させること。

完成！

ついに完成！パンづくりの基本的な流れをつかんだら、さっそく、実際につくってみましょう。

パンの基本③

パンづくりの製法

同じ材料でつくるパンでも、製法が違えば味や食感が変わってきます。基本的な製法を知っておきましょう。

製法の種類を知って パンのでき栄えを コントロール

パンづくりには、昔から代々受け継がれてきた製法から科学技術の発達にともなう製法まで、さまざまな製法があります。同じ材料でつくるパンでも、製法が違えば味、食感、風味の出方が変わってきます。つまり、製法を理解することで、つくりたいパンの特徴をうまく引き出せ、より精度の高いものができるのです。

パンの製法の種類は、大きく「ストレート法」と「発酵種法」の2つに分けられます。本書では、より簡単に行えるストレート法のつくり方を多く紹介しています。基本的には、12ページで紹介したつくり方の流れでつくることができます。

製法① ストレート法

ストレート法とは…

パンの生地を、一工程で行う製法。材料を一度にすべてミキシングして発酵させるので、素材の風味をいかしやすくなる。バターロールなどに向く製法。

×デメリット

- 発酵過多など、工程での失敗がダイレクトに出やすい

○メリット

- 工程が単純で所要時間が短め
- 素材の風味が出やすい

ストレート法の基本の流れ

こねる ＜ 発酵 ＜ 分割&丸め ＜ ベンチタイム ＜ 成形 ＜ ホイロ ＜ 焼成

すべてを1回で行う

【オーバーナイト法】 ストレート法ではあるが、折り込み生地や油脂類が多く含まれる生地に向く。クロワッサンなどはこの製法を用いる。

製法② 発酵種法

発酵種法とは…

パンの生地を、2工程以上で行う製法。生地をつくる前段階で、材料の一部から発酵種をつくっておくのが特徴。発酵種をつくるのは手間だが、この製法は発酵の安定性、生地の伸縮性、パンの香りの生成など、目的に応じてさまざまな特徴がパンに反映される。

✕デメリット
- 全体の作業時間が長くかかる。
- 工程が2回にわかれるので作業が複雑になる。

○メリット
- 生地の発酵や水和が十分に行われる。
- 2回こねるので、グルテン形成しやすい。

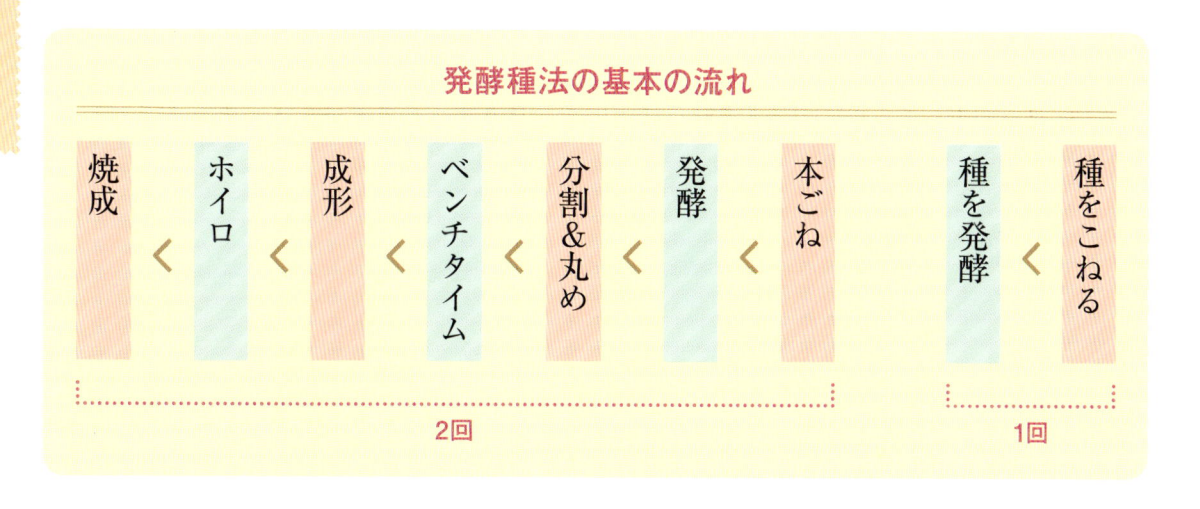

発酵種法の基本の流れ

1回：種をこねる → 種を発酵

2回：本ごね → 発酵 → 分割&丸め → ベンチタイム → 成形 → ホイロ → 焼成

発酵種法の主な種類

【加糖中種法】
配合中に砂糖を中種に加えて中種生地をつくる。砂糖が入ることで糖分の多い生地もスムーズに発酵できる。そのため砂糖の多い日本の菓子パンに向いている。

【アンザッツ法】
小麦粉、イースト、水を混ぜ、30〜40分発酵後、残りの材料を合わせる。ほかの発酵種にくらべ短時間でできる。バターや乳製品など副材料入りのパンに最適。

【ポーリッシュ法】
先に、発酵種に同量の粉と水を加えて種をつくる。水分が多く液状なため「液種法」とも呼ばれる。ハード系のパンに向いている。

【サワー種法】
主に、ライ麦パンを焼き上げるために必要な発酵種。ライ麦粉と水をこね、数日かけて発酵を進めていくため、種が酸化して独特な風味の豊かなパンができる。

【中種法】
配合中の小麦粉の50%以上を使用し、そこにイーストと水を混ぜて中種生地をつくる。もともとひとつの配合を種と本ごねに分けてつくられたものが多い。

※発酵種について詳しくは164ページ参照。

本書の使い方と
パンづくりの前に知っておきたいこと

本書ではパンづくりに多い失敗や疑問を、パンの種類ごと、工程ごとに紹介しています。

自分のつくったパンの仕上がりを見くらべて、復習にも役立ててください。

本書の使い方

材料表記の見方

★材料について

レシピに必要な材料の分量と、下準備について書かれています。バターや水の状態などを確認できます。

ソフト系1
バターロール
食べるのもつくるのも人気なバターロール。型が必要なく、作業時間が比較的短いので初心者にもおすすめです。砂糖が控えめなので、サンドウイッチにも向いています。
所要時間　3時間30分

★ふわふわな食感を出すには、しっかりとこねることが大切
バターロールの失敗と疑問 ▶30ページ

材料(12個分)　※【 】はベーカーズパーセントを示している

強力粉(スーパーキング) ……200g【80%】
薄力粉……50g【20%】
砂糖……25g【10%】
塩……3g【1.5%】
脱脂粉乳……10g【4%】
バター(室温)……38g【15%】
卵……38g【15%】
生イースト……10g【4%】
(インスタントドライイーストの場合は4g)
水(適温)……130g【52%】
卵(仕上げ用)……適量
下準備については18ページを参照する

パンDATA	
こね上げ温度	26～28℃
発酵	28～30℃(50分)
分割	40g×12個
ベンチタイム	15分
ホイロ	35℃(50分)
焼成	220℃(10～12分)

つくり方

材料を混ぜる

1 大きめのボウルに強力粉、薄力粉、砂糖、塩、脱脂粉乳を入れる。別のボウルに温度を調節した水と生イーストを入れて泡立て器で混ぜる。卵をよく溶いてから加え、さらに混ぜる。

2 1の粉のボウルに液体を入れて、混ぜ合わせる。ボウル内に指を立てながら円を描くようにかき混ぜる。徐々に粉気と水気がなくなってくるので、全体がひとまとまりになるまで行う。

こねる(15分)

3 生地がひとまとまりになったら台に移す。このとき、材料の分量が変わらないよう、手やボウルについた生地もカードでできるだけきれいに取るようにする。

4 生地を両手でつかんで、台にこすりつけるように上下に動かして練る。ときどき手についた生地をカードで取って混ぜながら、全体が均等になめらかになるまで続ける。
▶詳しくは155ページへ

第2章　ソフト系1　バターロール

21　20

★ベーカーズパーセントについて

材料の配合を表したベーカーズパーセントを紹介しています（18ページ参照）。つくる量を変更するときに便利です。

★パンDATAについて

パンDATA	
こね上げ温度	26～28℃
発酵	28～30℃(50分)
分割	40g×12個
ベンチタイム	15分
ホイロ	35℃(50分)
焼成	220℃(10～12分)

- こね上げ温度……生地がこね上がって、発酵に入る前の生地の温度です。
- 発酵……発酵をとるときの、適温と時間を表記しています。
- 分割……生地を分割するときの量と個数です。余った場合は、生地に均等に分けてつけます。
- ベンチタイム……ベンチタイムを行うときの時間を表記しています。
- ホイロ……ホイロをとるときの適温と時間を表記しています。
- 焼成……オーブンの設定温度と焼成時間を表記しています。

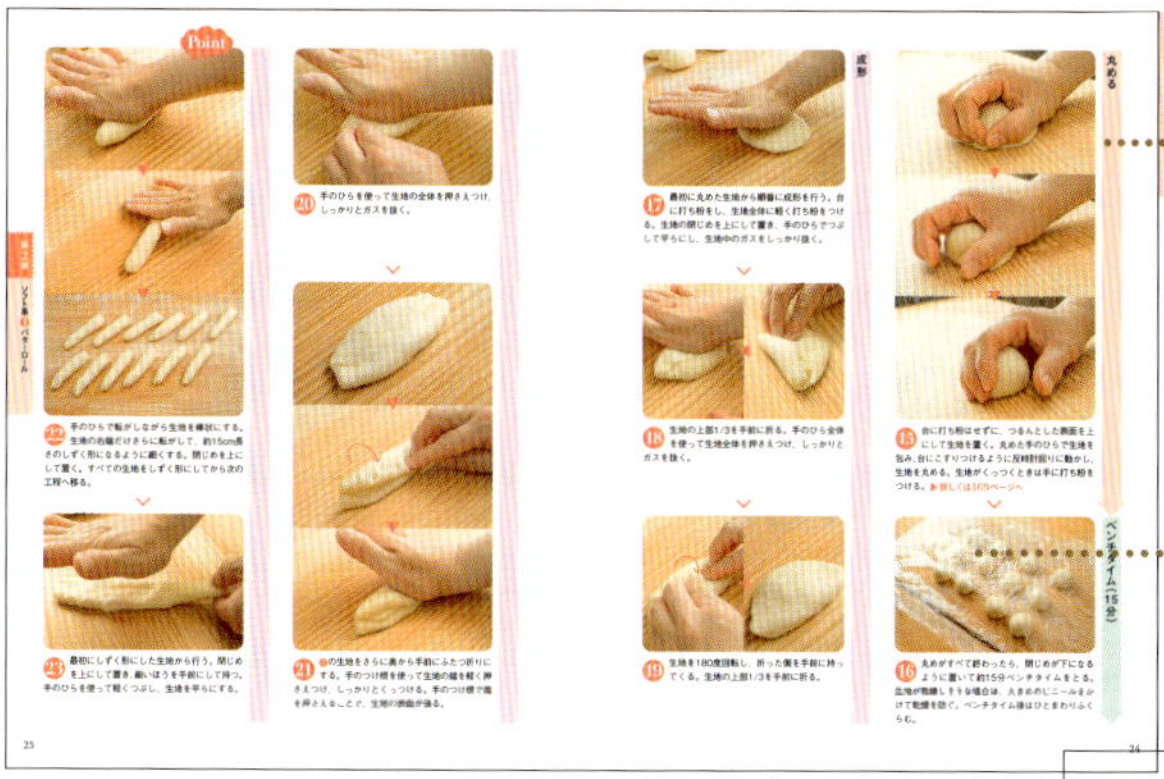

第2章 定番パンの失敗と疑問を解決

★工程の流れがひと目でわかる

レシピのページでは、工程の流れやかかる時間などを表記しています。写真に矢印も入っているので、動きがわかります。

★わかりにくいところは解説ページへ

失敗しやすい工程には、詳しく解説のあるページへナビゲートします。また、大切な部分にはPointを表記しています。

★パンごとの失敗&解決がわかる

各定番パンのレシピのあとに、よくある失敗や疑問を一問一答形式で紹介しています。

★NGとOKの写真でわかりやすい

正しくできているものと、失敗したものが並んで表記されているので、一目瞭然です。

第3章 工程ごとの失敗と疑問を解決

★工程の役割や意味がわかる

「こね」「発酵」「パンチ」など、各工程について解説しています。工程の意味を理解すると、失敗が減ります。

★多い失敗や悩みがわかる

工程ごとの失敗や疑問について、解決策を紹介しています。細かなコツが書かれているので、役立ててください。

第4章 パンづくりの材料と道具の役割

★材料の役割と意味がわかる

小麦粉やイーストがパンにどんな影響を与えるのかを解説しています。また、道具のそろえ方なども紹介しています。

★Q&Aの解説つきでわかりやすい

材料についての疑問や、材料によって起こる失敗などを紹介。合わせて対処法も紹介しています。

材料について知っておきたいこと

パンづくりに使う材料の下準備や保管の注意について
下記にまとめました。つくり始める前に読んで注意してください。

バター

レシピに「室温に戻す」という表記がある場合は、室温にしばらく置いて、指で押してスッとへこむ程度のやわらかさにします。夏は室温が暑く溶けやすいので、つくり始めの1時間前くらいに出せば十分です。冬は3時間前には出し、それでもかたい場合は電子レンジで数秒ずつかけ、溶かさないように注意しながら調整します。

脱脂粉乳

脱脂粉乳は湿気に弱くダマになりやすいので、計量後はすぐにラップをして、使うまで空気や水に触れないように注意します。一度ダマになってしまうと、なかなか戻すことができません。

小麦粉

本書で表記している小麦粉の種類と異なるものを使うと、タンパク質の量（含有量）が違うためグルテンのできに差が出ることがあります。同じものが手に入らない場合は、たんぱく質量の%表記もしくは100gあたりの量を確認して、近いものを選んでください。

水

手ごねする場合、生地の温度が室温に近くなりやすくなります。室温が22～28℃程度なら、水道水をそのまま使用しても大きな問題はありません。水温は室温が15℃以下の場合は水温は35℃に、15～22℃の場合は水温は25～30℃にしてください。室温が29℃以上ある場合には、水温は15℃くらいに調節を。

ベーカーズパーセントとは

材料の配合のうち主材料である小麦粉などの粉類を100%として、そのほかの材料をその粉に対する%で表している。本書では、各レシピの材料表記に、実際の分量とベーカーズパーセントの両方を表記しています。各国では重さの単位が異なるため、世界共通のベーカーズパーセントが使用されています。%をとると粉100gの場合の分量がわかります。

材料	実際の分量	ベーカーズパーセント
強力粉	500g	100%
砂糖	25g	5%
塩	10g	2%
脱脂粉乳	10 g	2%
バター	10g	2%
ショートニング	15g	3%
生イースト	10g	2%
水	135g	70%

例：食パンのベーカーズパーセント

第2章

定番パンの失敗と疑問を解決

ソフト系からハード系まで、定番のパンのつくり方を紹介します。
各パンのつくり方のあとに、多くの人が陥りやすい失敗と
解決のためのポイントも合わせて解説しています。

ソフト系 1

バターロール

食べるのもつくるのも人気なバターロール。型が必要なく、作業時間が比較的短いので初心者にもおすすめです。砂糖が控えめなので、サンドウイッチにも向いています。

所要時間　3時間30分

★ふわふわな食感を出すには、しっかりとこねることが大切

バターロールの失敗と疑問
▶30ページ

材料(12個分) ※【 】はベーカーズパーセントを示している

強力粉(スーパーキング) ……200g【80%】
薄力粉 ……50g【20%】
砂糖 ……25g【10%】
塩 ……3g【1.5%】
脱脂粉乳 ……10g【4%】
バター(室温) ……38g【15%】
卵 ……38g【15%】
生イースト ……10g【4%】
(インスタントドライイーストの場合は4g)
水(適温) ……130g【52%】
卵(仕上げ用) ……適量

下準備については18ページを参照する

パンDATA

こね上げ温度	26～28℃
発酵	28～30℃(50分)
分割	40g×12個
ベンチタイム	15分
ホイロ	35℃(50分)
焼成	220℃(10～12分)

つくり方

材料を混ぜる

1 大きめのボウルに強力粉、薄力粉、砂糖、塩、脱脂粉乳を入れる。別のボウルに温度を調節した水と生イーストを入れて泡立て器で混ぜる。卵をよく溶いてから加え、さらに混ぜる。

2 1の粉のボウルに液体を入れて、混ぜ合わせる。ボウル内に指を立てながら円を描くようにかき混ぜる。徐々に粉気と水気がなくなってくるので、全体がひとまとまりになるまで行う。

こねる(15分)

3 生地がひとまとまりになったら台に移す。このとき、材料の分量が変わらないよう、手やボウルについた生地もカードでできるだけきれいに取るようにする。

4 生地を両手でつかんで、台にこすりつけるように上下に動かして練る。ときどき手についた生地をカードで取って混ぜながら、全体が均等になめらかになるまで続ける。

▶詳しくは155ページへ

5 ひとまとめにした生地の底に下から手を差し込み、持ち上げる。向きを90度変えながら生地の下端を台にたたきつける。持ち上げている生地をたたきつけた生地にかぶせるように折る。

6 ときどきカードで手や台についた生地を集めながら、❺の動作を約15分くり返す。ベタベタしていた生地が徐々にまとまっていき、写真のように生地にハリが出てくる。

Point

7 グルテンの膜ができているかを確認する。生地の一部をカードで切り、指が透けてみえるまで、四方に薄くのばす。写真のような膜が張っていたら次の工程に移る。足りない場合はさらに5分こね、再度確認する。

バターを包む

8 生地を広げて、生地の中心に室温に戻したバターを置く。生地でバターを包む。工程❹と同様にこね始める。

こねる（15分）

9 生地を両手でつかんで引きちぎり、台にこすりつけるように上下に動かして練る（工程4と同様の動作）。バターが生地になじみ、全体が均等ななめらかさになったら、カードでまとめる。

10 生地の底に下から手を差し込み、持ち上げる。向きを90度変えながら生地の下端を台にたたきつける。持ち上げている生地をたたきつけた生地にかぶせるように折る（工程5と同様の動作）。約15分、くり返し行う。

11 生地の一部を切って四方に広げ、グルテンの膜ができているかを確認する。バターを入れる前は少し粗かった膜が、写真のように薄く均一に張っていたら次の工程に移る。足りない場合はさらに5分こねて、再度確認する。

発酵（28～30℃で50分）

12 生地を丸くまとめて、つるんと張った面（表面）を上にし、油脂類をぬったボウルに入れる。温度計でこね上げ温度をはかる。温度は26～28℃がよい。乾燥しない場所で28～30℃、約50分発酵させる。

13 発酵状態をみるためにフィンガーテストを行う。粉をつけた人さし指を生地にさし込み、あとがそのまま残ればよい。台に打ち粉をし、生地の表面が下にくるように台に取り出す。

▶詳しくは160ページへ

分割（40g×12個）

14 生地にカードでうずまき状に切込みを入れて棒状にする。さらにカードで切り分け、はかりで1個40g、計12個に分割する。40gに満たない生地は、等分して分割した生地に均等に合わせる。

▶詳しくは168ページへ

丸める

15 台に打ち粉はせずに、つるんとした表面を上にして生地を置く。丸めた手のひらで生地を包み、台にこすりつけるように反時計回りに動かし、生地を丸める。生地がくっつくときは手に打ち粉をつける。▶詳しくは170ページへ

ベンチタイム（15分）

16 丸めがすべて終わったら、閉じめが下になるように置いて約15分ベンチタイムをとる。生地が乾燥しそうな場合は、大きめのビニールをかけて乾燥を防ぐ。ベンチタイム後はひとまわりふくらむ。

成形

17 最初に丸めた生地から順番に成形を行う。台に打ち粉をし、生地全体に軽く打ち粉をつける。生地の閉じめを上にして置き、手のひらでつぶして平らにし、生地中のガスをしっかり抜く。

18 生地の上部1/3を手前に折る。手のひら全体を使って生地全体を押さえつけ、しっかりとガスを抜く。

19 生地を180度回転し、折った側を手前に持ってくる。生地の上部1/3を手前に折る。

20 手のひらを使って生地の全体を押さえつけ、しっかりとガスを抜く。

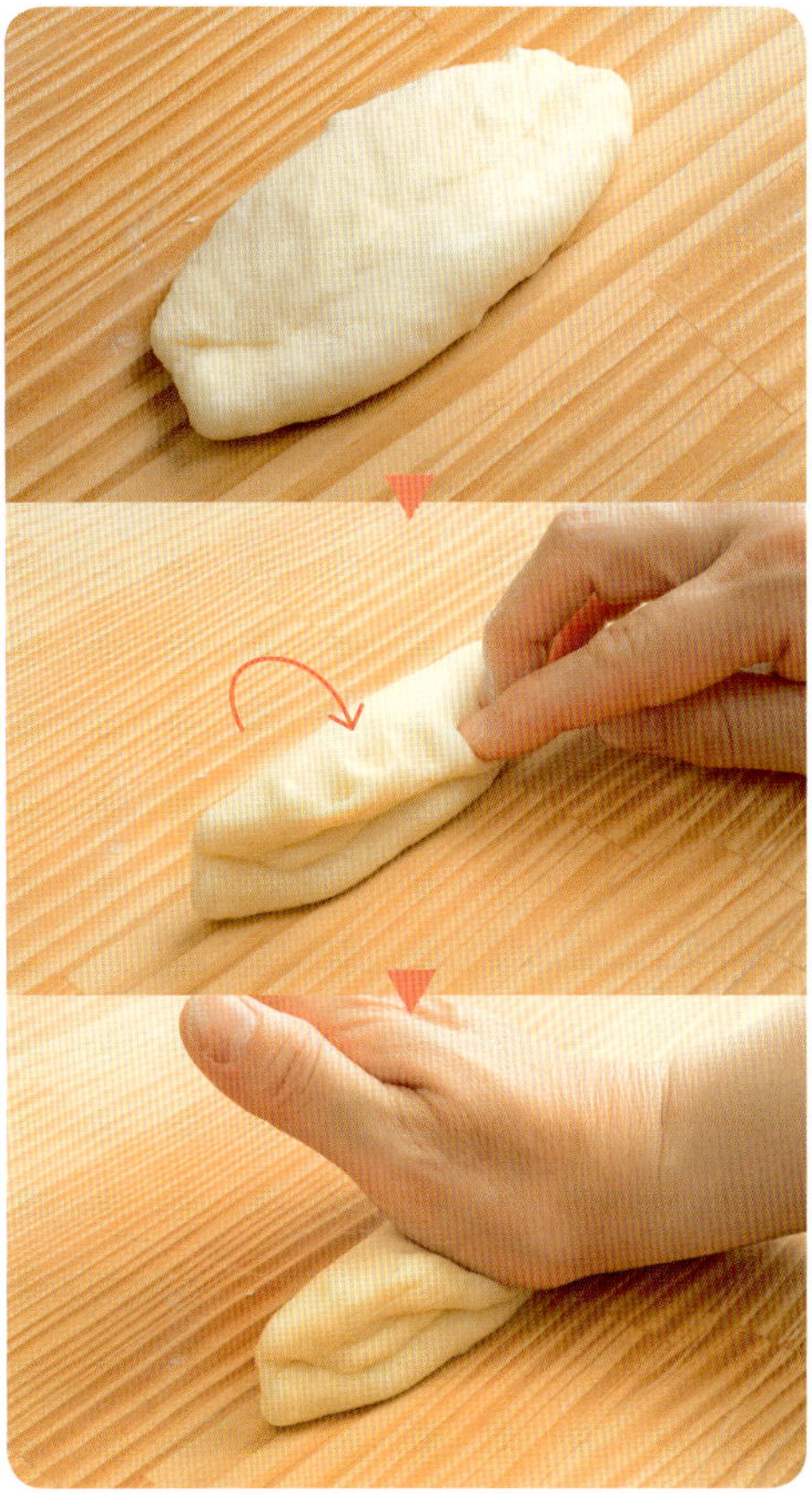

21 ⑳の生地をさらに奥から手前にふたつ折りにする。手のつけ根を使って生地の端を軽く押さえつけ、しっかりとくっつける。手のつけ根で端を押さえることで、生地の表面が張る。

22 手のひらで転がしながら生地を棒状にする。生地の右端だけさらに転がして、約15cm長さのしずく形になるように細くする。閉じめを上にして置く。すべての生地をしずく形にしてから次の工程へ移る。

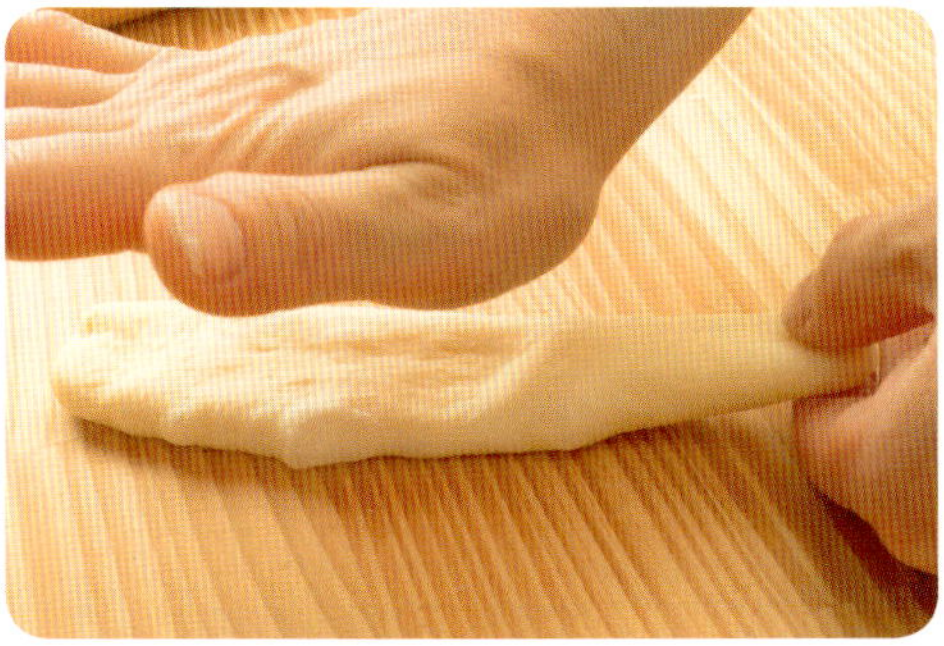

23 最初にしずく形にした生地から行う。閉じめを上にして置き、細いほうを手前にして持つ。手のひらを使って軽くつぶし、生地を平らにする。

24 細くなったほうを手前に少し引っ張りながら、生地をめん棒でのばす。生地の真ん中からスタートし、上下にめん棒をかけて約25cm長さにのばす。

25 生地の上部を折り曲げて芯をつくり、持っている部分を軽く手前に引っ張りながら上から巻いていく。巻き終わりの端を指でつまんでくっつけて閉じる。

▶詳しくは31ページへ

ホイロ（35℃で50分）

26 オーブン用シートを敷いた天板に生地を閉じめを下にして置く。35℃で約50分ホイロをとる。ふくらむのでそれぞれ1個分以上の距離を離して置くこと。

▶詳しくは32ページへ

焼成（220℃で10～12分）

27 ホイロを終えたら、溶き卵をハケでまんべんなくぬる。このとき、オーブン用シートに溶き卵がたれるほどぬらないこと。

▶詳しくは33・34ページへ

28 予熱したオーブンに入れ、220℃で10～12分焼く。途中、均等な焼き色がつくように位置を入れかえるとよい。20ページの写真のような焼き色になったら取り出す。

▶詳しくは35ページへ

バターロールの Arrange

所要時間 3時間30分

ソーセージロール

材料(12個分)

ウインナーソーセージ……12本

●生地

つくる分量はバターロール(21ページ)と同じ

パンDATA

こね上げ温度	26〜28℃
発酵	28〜30℃(50分)
分割	40g×12個
ベンチタイム	15分
ホイロ	35℃(50分)
焼成	220℃(10〜12分)

つくり方

バターロールの工程㉓まで行う

成形

1 バターロールの工程㉔と同様にめん棒で生地をのばす。このとき、バターロールよりも生地を約5cm長くのばし、約30cm長さにする。一度にのばそうとせず、何回かめん棒をかけて少しずつのばすようにするとよい。

2 上部を少しあけてソーセージを置く。生地をソーセージに巻いて芯を作ってから、手前に巻く。巻き終わりはつまんで閉じる。①でのばした生地が短いと写真左下のように形が悪くなる。あとはバターロールの工程㉖と同様に作業をする。

ソフト系1

バターロールグループのパンたち

つくり方

1 Aをボウルに合わせる。別のボウルに水、イースト、溶き卵を合わせてから加え、混ぜてひとまとまりにする。

2 台に出してこね、約10分たったらバターとショートニングを混ぜてさらにこねる（こね時間約20分）。

3 発酵、分割、丸め、ベンチタイムを行う。

4 三つ折りし、長さ約12～13cmの棒成形にする（178ページ参照）。

5 成形後はすぐに溶き卵をぬる。卵が乾かないうちにはさみで1cm幅ほどの間隔をあけて切り込みを入れる（a）（b）。

6 ホイロをとり、オーブンで焼く。

1 パン・ヴィエノワ

「ウイーン風のパン」という名のパン。棒成形に、切り込みを入れるのが特徴。

材料（15個分）　所要時間：3時間

A
- フランスパン専用粉（フランス）……500g【100%】
- 砂糖……30g【6%】
- 塩……10g【2%】
- 脱脂粉乳……25g【5%】

バター……25g【5%】
ショートニング……25g【5%】
卵……25g【5%】
生イースト……15g【3%】
（インスタントドライイーストの場合は7g）
水……310g【62%】

パンDATA

こね上げ温度	26～28℃
発酵	28～30℃(60分)
分割	60g×15個
ベンチタイム	15分
ホイロ	35℃(40～50分)
焼成	220℃(12分)

1cmほど間隔をあけて、はさみで切り込みを入れる。切るときには、上に少し引き上げるようにするとよい。

はさみは、パンに対して垂直になるように持つ。溶き卵は、パンの表面に薄くぬる。

つくり方

1. Aをボウルに合わせる。別のボウルに牛乳、イースト、溶き卵を合わせてから加え、混ぜてひとまとまりにする。
2. 台に出してこね、約10分たったらバターを混ぜてさらにこねる（こね時間約25分）。
3. 発酵、分割を行う。
4. 分割後すぐに丸め、アルミケースの上に3個を1セットにして入れる(a)。
5. ホイロをとり、溶き卵をぬり、白けしをそれぞれの真ん中に散らす。オーブンで焼く。

アルミケースに、生地３個をくっつけて並べる。

2 アインバック

ドイツ生まれのパンで「ひとつに戻る」という意味がある。牛乳の風味が出ていてふわふわの食感。

材料（17個分）　所要時間：2時間30分

- A
  - 強力粉（カメリヤ）…………500g【100%】
  - 砂糖………60g【12%】
  - 塩……………7g【1.5%】
- バター………100g【20%】
- 卵………………100g【20%】
- 生イースト………15g【3%】
  （インスタントドライイーストの場合は7g）
- 牛乳……………260g【52%】
- 白けし………………………適量

パンDATA

こね上げ温度	26～28℃
発酵	28～30℃(50分)
分割	20g×3個を1セットにして17個
ベンチタイム	なし
ホイロ	35℃(50分)
焼成	210℃(10～12分)

つくり方

1. Aをボウルに合わせる。別のボウルに水、イースト、溶き卵を合わせてから加え、混ぜてひとまとまりにする。
2. 台に出してこね、約10分たったらバターとショートニングを混ぜてさらにこねる（こね時間約25分）。
3. 発酵、分割、丸め、ベンチタイムを行う。
4. パン生地を9割くらいの力で丸め、閉じめを閉じる。手でつぶし、天板に並べる。
5. パン全体の縁を押さえる(a)。
6. ホイロをとる。焼成前に溶き卵をぬる（または霧吹きをする）。少量のごまを真ん中にふり、オーブンで焼く。

生地の周囲を指の腹でつぶすことで、丸みが出る。

3 ハンバーガーバンズ

その名の通り、ハンバーガーに用いられるパン。やや甘めの配合なのが特徴。水平にカットして野菜や肉をはさんで食べる。

材料（17個分）　所要時間：3時間

- A
  - 強力粉（カメリヤ）…400g【80%】
  - ライ麦粉…70g【14%】
  - 小麦全粒粉…30g【6%】
  - 砂糖………50g【10%】
  - 塩……………10g【2%】
  - 脱脂粉乳……20g【4%】
- バター……………25g【5%】
- ショートニング…25g【5%】
- 卵………………50g【10%】
- 生イースト………15g【3%】
  （インスタントドライイーストの場合は7g）
- 水………………300g【60%】
- 白ごま……………………適量

パンDATA

こね上げ温度	26～28℃
発酵	28～30℃(60分)
分割	50g×19個
ベンチタイム	15分
ホイロ	35℃(50分)
焼成	220℃(10～12分)

※小麦全粒粉は細挽きのもの。

生地はどのくらいこねたらいいの?

グルテンの膜と生地の状態で判断

バターロールは、グルテンの膜を薄くて強い状態にします。こね足りないと膜は弱く、逆にこね過ぎるとグルテンが強過ぎて膜がゴムのようになります。バターロールはバターの風味豊かで、しっとりとしてほのかな甘みが魅力です。こね足りないと弾力が足りず、ねちっとして口あたりが悪くなります。機械などを使うときにはこね過ぎることがあるので、生地がだれないように注意してください。

バターを入れる前

NG! こね過ぎ

まだバターを入れる前なのに、グルテンがこね上がりのようになってしまっている。

OK! ちょうどよい

グルテンの膜はまだ粗いが、キメがそろい始めている。

NG! こね足りない

グルテンの膜はまだ粗く、キメがそろっていない。写真以上にのばそうとすると、簡単に破れる。

バターを入れたあと

NG! こね過ぎ

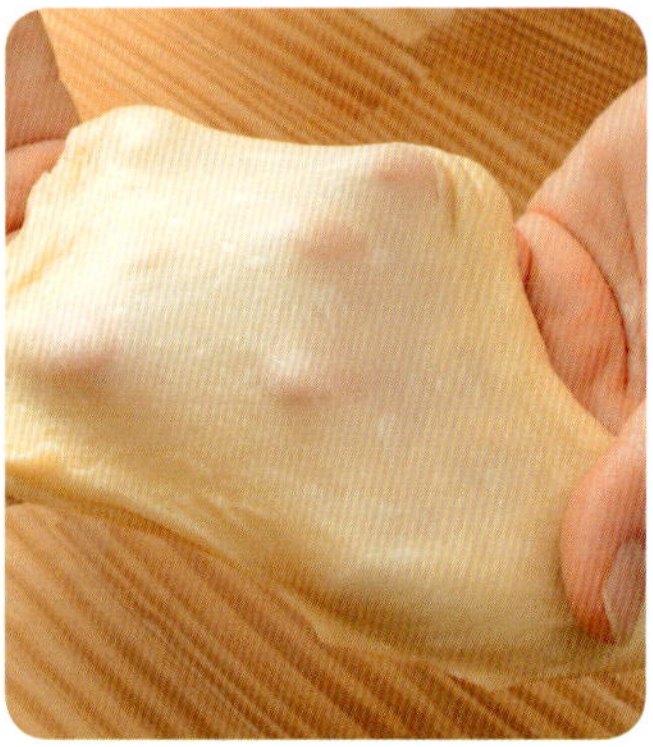

グルテンの膜はそろっているが、強くなり過ぎて強いゴムのような弾力になる。また、生地をカットすると、ハリが強いので層ができる。

OK! ちょうどよい

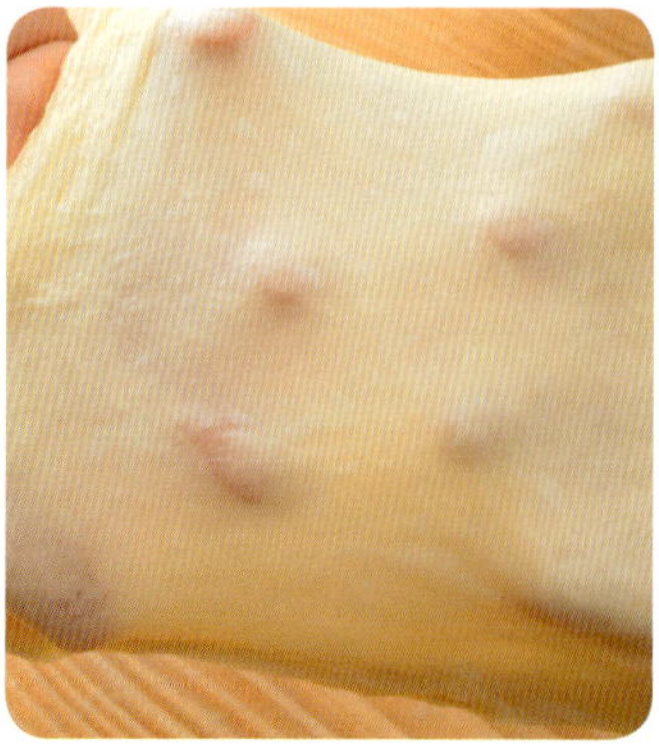

生地はきれいにまとまっている。膜のチェックをすると、キメがそろい、写真のように指が透けるほど薄くなっている。

NG! こね足りない

生地はまとまっているが、膜をチェックするとグルテンの膜が粗く、弾力が弱い。

きれいな形に成形するコツを知りたい

OK! きれいな形

厚みが均一

巻きの回数は3回。出ている厚みもほぼ同じ。生地の厚さも均一である。

NG! 見た目の悪い形

棒状の形

きれいなしずく形にならず、棒状であったり、上部以外が太くなったりしている。

巻く回数が多い

巻く回数が4回と多く、層の幅もバラバラである。生地はのばし過ぎて薄くなっている。

解決！

advice1 しずく形をきれいにつくる

生地を成形する前のしずく形がきれいにつくられていないと、太くなったり細くなったりする。しずく形にするときは、太くしたい上部から始め、徐々に細くする下部へ移動していく。

advice2 無理に生地をのばさない

めん棒は一定な力を加えないと、生地の厚さがそろわず、強い力が加わった部分が太くなりやすい。また、初めから強い力で行うと生地が長くのび過ぎてしまったり、生地がさけたりする。

ホイロはどのくらいがちょうどよいの？

ホイロ加減で食感に差が出る

ホイロ加減の差は焼き立てより冷めたときの味や食感の違いを生み出します。ちょうどよいホイロ状態のパンはしっとり仕上がり、ほどよい甘みがあります。ホイロの状態は少しずつ変化するので、軽く触わって確かめましょう。レシピに書かれている時間がきてから触れるのではなく、10分間隔くらいで触ってみてください。何度かつくるうちに感覚がわかるはずです。

NG! ホイロ過多

ホイロをとり過ぎると生地がゆるんでしぼみ、表面にシワができる。そのため、焼き上がりの盛り上がりが低く、横に広がる。断面は粗くなり、しっとりとした食感が失われている。また、イーストの発酵によって糖分が少なくなるので焼き色が薄くなる。

OK! ちょうどよい

大きさは成形時の約2倍くらいになる。焼き上がりはボリュームがあり、断面のキメも細やか。ふんわりとやわらかい弾力があり、口あたりがしっとりとしている。

NG! ホイロ不足

ホイロ時に成形前よりふくらんでいるので完了したと勘違いしやすい。ホイロが不足していると、生地がかたいことが多く、焼き上がりは全体にボリュームが足りずにひと回り小さくなる。また、糖分がより残っているので、焼き色が濃い。

卵はどのくらいぬればいいの？

advice1 卵を少し落としてから

ハケに溶き卵をつけたら、ボウルの縁で少し落としてからパンにぬるとよい。ハケにいっぱいついた状態のまま行うと、パンの底までたれたりぬり過ぎたりする原因になる。

advice2 力を入れずにやさしくぬる

ホイロをとり終わった生地は、少しの衝撃でもつぶれてしまう。卵をぬるときには、力を入れずにやわらかいハケでそっとぬる。

NG! たれるほどぬらない

溶き卵は、写真のように下へたれるほどべったりぬる必要はない。ぬられているのがわかる程度に表面にツヤがのり、うっすら卵の色がわかる程度でよい。

解決！

OK! 全体にぬられている

色ツヤよく輝いている。トップから厚みの部分、側面までぬられている証拠。

NG! ぬり足りない

上部しかぬられておらず、側面にツヤのない表面。ぬれていない部分は少し固い。

NG! ぬり過ぎ

ぬり過ぎていると下にたれて、裏側のまわりが焦げたような色になってしまう。

バターロールの失敗と疑問⑤

卵をぬったら表面がシワシワになった

もしかするとホイロに原因が

卵をぬったときにシワシワになる主な原因は、ホイロのとり過ぎです。発酵のピークが過ぎて張っていた生地がゆるみ、しぼんで表面に凸凹ができます。そのため、この状態で卵をぬるとシワシワになります。もちろん、卵のぬり方が悪かったのが原因になることも。表面にシワが入ると焼き上がっても元に戻らないので、ホイロ加減をよく確認しましょう。

ホイロ過多が原因

ホイロをとり過ぎた状態で卵をぬると、写真のように生地がしぼみ、表面がシワシワになる。焼き上がりもシワの跡は残り、全体に弾力がない。

バターロールの失敗と疑問⑥

パンが少しつぶれている気がする

NG! つぶれている

全体的にのっぺりとしていて、表面が粗い状態になっている（右）。卵をぬるときに、生地に負担をかけ過ぎてつぶれた可能性がある。

解決！

かたいハケはさける

卵をぬるときに力を入れ過ぎた、または、ハケがかたかったなどが考えられる。力を入れずにやさしくぬり、ハケはやわらかいものを選ぶとよい。

バターロールの失敗と疑問⑦

焼き色はどのくらいがベストなの?

OK! ちょうどよい

全体に焼き色がしっかりつき、裏側の中心も色づいている。触ると弾力がある。

NG! 焼き過ぎ

全体の焼き色が濃く、裏側はまわりまでしっかり焼き色がついてしまっている。触ると表面が少しかたい。

NG! 焼き足りない

全体に焼き色はついているが、色は薄く裏側はまわりがまだ白い。触るとやわらかい。

バターロールの失敗と疑問⑧

パンの巻きめが割れてしまった

NG!

advice1 力を入れて巻かない

成形するときに強く巻き過ぎると、ホイロの工程で生地がふくらもうとする力にたえられずに巻きめがさける。巻くときは力を入れずに自然と転がすように巻くようにする。

NG!

advice2 ホイロをしっかりとる

ホイロが足りていないと表面のグルテンがゆるんでおらず、生地がかたいまま。焼いているときも大量のガスが発生し、中からガスが出ようとして破裂してしまうことがある。

ソフト系2

ブリオッシュ

形はさまざまですが、今回は最もオーソドックスな「ブリオッシュ・ア・テット」のつくり方を紹介します。バターが溶け出すと風味が落ちるので、夏以外の季節につくるのがよいでしょう。

所要時間
前日2時間・当日2時間

★バターが溶けないよう、生地を触り過ぎないようにする

ブリオッシュの失敗と疑問
▶46ページ

材料(14個分) ※【 】はベーカーズパーセントを示している

フランスパン専用粉(フランス)……250g【100%】
砂糖……30g【12%】
塩……5g【2%】
バター……125g【50%】
卵……125g【50%】
生イースト……10g【4%】
(インスタントドライイーストの場合は4g)
牛乳……63g【25%】
卵(仕上げ用)……適量

下準備については18ページを参照
・バター、牛乳、卵は冷やす
・室温が20℃以上のときは粉も冷やす

パンDATA

こね上げ温度	24℃
発酵	28℃(90分)
冷蔵発酵	15〜20時間
分割	40g×14個
ベンチタイム	20分
ホイロ	32℃(60分)
焼成	220℃(12分)

つくり方

材料を混ぜる

① 大きめのボウルにフランスパン専用粉、砂糖、塩を入れる。別のボウルに冷たい牛乳と生イーストを入れて泡立て器で混ぜる。さらに冷たい卵を加えて混ぜる。

② ❶の粉のボウルに液体を入れて混ぜ合わせる。ボウル内で指を立てながら円を描くようにかき混ぜる。全体がひとまとまりになり、粉気がなくなったら台に出す。手やボウルについた生地も落とす。

こねる(25分)

③ 生地を両手で台にこすりつけるように上下に動かして練る。ときどき手についた生地をカードで取って混ぜながら、全体が均等になめらかになるまで続ける。

▶詳しくは155ページへ

4 生地をカードでかき集め、手についた生地を落とす。生地はベタつき、台から離れづらいので、まずは3～4分上に引っ張ってをくり返し生地をのばすとよい。

5 カードで生地をかき集めながら、横から生地を持ち上げる。縦にして生地下半分を台に落としてから、上半分を生地におおいかぶす。これをくり返して約25分生地をたたく。

▶詳しくは157ページへ

6 徐々にベタつきが減り、ひとまとまりになってくる。生地にハリが出てきたら、グルテンの膜ができているかを確認する。薄くてやや強めがベスト。写真のような膜が張っていたら次の工程へ。

バターを包む

7 生地を四角にのばし、生地の中心に冷やしたバターを置く。カードでバターを切り、少し小さくする。生地の四方を中心に引っ張り、バターを生地で包む。

こねる（15分）

8 生地を両手でつかんで引きちぎり、台にこすりつけるように上下に動かして練る（工程③と同様の動作）。バターが生地になじみ、全体が均等なめらかさになったら、カードでまとめる。

9 カードで生地をかき集めながら、横から生地を持ち上げる。縦にして生地下半分を台に落としてから、上半分を生地におおいかぶす（工程⑤と同様の動作）。こねていると、写真のように表面にハリが出てくる。

10 生地の一部を切って四方に広げ、グルテンの膜ができているかを確認する。写真のように薄く張っていたら次の工程に移る。足りない場合はさらに5分こねて、再度確認する。

発酵（28℃で90分）

11 生地を丸くまとめ、つるんと張った面（表面）を上にし、油脂類をぬったボウルに入れる。温度計でこね上げ温度をはかる。温度は24℃がよい。乾燥しない場所で28℃、約90分発酵させる。

冷蔵発酵（5℃で15～20時間）

12 ボウルからバットに生地を移し手のひらで広げる。乾燥しないようにバットごとビニール袋に入れ、15～20時間冷蔵庫内で冷蔵発酵させる。

ここから翌日の作業

分割（40g×14個）

13 台に打ち粉をしてバットから生地を出す。バットについた生地もカードで落とす。生地を2つ折りにし少しつぶす。はかりで1個40g、計14個になるようカードで切って分割する。40gに満たない生地は、等分して分割した生地に合わせる。

丸める

14 バターが溶け出さないように素早く丸める。多少表面が張っていなくても構わないので、ひとつを３～４秒程度で丸めるようにする。すべて丸めたら手のひらで軽くつぶして平らにする。

ベンチタイム（20分）

15 約20分ベンチタイムをとる。ベンチタイム中は、大きめなビニールをかけて乾燥を防ぐとよい。ひと回りふくらみ、生地がゆるめば終了。

成形

16 型を準備する。ブリオッシュ型の内側に油脂をぬる。かためのハケで内側が白っぽくなるまでまんべんなくしっかりぬる。ぬり残しがあると、焼き上がったときに型から外れにくくなる。

17 ベンチタイムを終えたら素早く丸め直し、裏を指でつまんでしっかり閉じる。

18 打ち粉をした台に生地を置き、生地を3：1になるように手刀で分け、頭と胴体分にする。そのまま、上下に転がしてちぎれるぎりぎりまで首部分を細くする。

19 写真のように生地の頭を上から包み込むように持ち、胴体の生地を型に入れる。頭の生地を持っている指を押し込んだら、少し持ち上げ、型を回して再度押し込んでをくり返す。胴体部分に大きく穴を空けておく。

20 ⑲でつくった穴に頭の生地を埋め込み、頭が中心になるように調節したら完成。

▶詳しくは50ページへ

ホイロ（32℃で60分）

21 天板に型を並べ32℃で約60分ホイロをとる。バターが溶けるので、温度が上がり過ぎないように注意をしながらホイロをとる。

▶詳しくは51ページへ

焼成（220℃で12分）

22 ホイロを終えたら、溶き卵をハケでまんべんなくぬる。このとき、卵がたれるほどぬらないようにする。予熱したオーブンに天板を入れ、220℃で約12分焼く。

23 焼いている途中、均等な焼き色がつくように位置を入れかえ、写真のような焼き色になったら取り出す。熱いうちに型から外し、クーラーに並べて冷ます。

▶詳しくは51ページへ

ブリオッシュの Arrange ｜ 所要時間 前日2時間・当日2時間

ブリオッシュ・オ・ザマンド

材料（約14個分）

●生地

つくる分量はブリオッシュ（37ページ）と同じ

●マカロン生地

卵白……………………………110g
砂糖……………………………100g
アーモンドパウダー …………80g
薄力粉 …………………………20g

パンDATA

こね上げ温度	24℃
発酵	28℃（90分）
冷蔵発酵	5℃（15〜20時間）
分割	40g×14個
ベンチタイム	20分
ホイロ	32℃（60分）
焼成	220℃（12分）

つくり方

ブリオッシュの工程 15 まで行う

成形

1 直径7.5cmのアルミケースを準備する。台に打ち粉をしてベンチタイムを終えた生地を軽く丸めて閉じめをくっつける。台に置き、めん棒で軽くつぶし、アルミケースの底と同じ大きさの円形にする。

2 アルミケースに生地を入れ、まわりを指先で押してつぶす。フォークで表面に穴をまんべんなく空ける（ピケをする）。

ホイロ（32℃で60分）

3 天板にアルミケースを並べ、32℃で約60分ホイロをとる。温度が上がり過ぎないように注意する。ホイロは写真のようにひとまわり大きくなれば終了。

マカロン生地をつくる

4 マカロン生地をつくる。ボウルに卵白を入れ、泡立て器でこしを切るようにしっかりと混ぜる。砂糖を混ぜて溶けたらアーモンドパウダーと薄力粉を入れる。

5 全体のかたさが均一になり、写真のように生地がすっと落ちるかたさになったらよい。卵白の状態（卵の古さなど）やアーモンドパウダーの種類によっても生地のかたさが変わってくるので注意。かたい場合は卵白を少し加えて調整する。

焼成（220℃で12分）

6 ❸の生地に❺でつくったマカロン生地をスプーンを使って上部にのせる。ケースからたれるほどのせないように注意。

7 茶こしで粉砂糖をふる。粉糖は溶けやすいので、表面が白く残るくらいにたっぷりとふりかける。

8 予熱したオーブンに入れ、220℃で約12分焼く。途中、均等な焼き色がつくように位置を入れかえながら、写真のような焼き色になったら取り出す。

ソフト系②

ブリオッシュグループのパンたち

つくり方

❶ Aをボウルに合わせる。別のボウルに水、イースト、溶き卵を合わせてから加え、混ぜてひとまとまりにする。

❷ 台に出してこね、約15分たったらバターを混ぜてさらにこねる（こね時間約30分）。

❸ 発酵、パンチ、発酵、分割、丸め、ベンチタイムを行う。

❹ 3つ折りにし、10cm長さの棒成形にする（178ページ参照）。両端は少し細くなるようにする（a）。

❺ ホイロをとり、卵をぬってハサミでカットする（b）。

❻ さらにあられ糖をふり（c）、オーブンで焼く。

※あられ糖をふらなければ、サンドイッチ用のパンとしても使える。

1 パン・オ・レ

牛乳を多く使ったミルク風味のパン。表面にかわいらしいトゲをつくるのが特徴。

材料（10個分）　所要時間：3時間30分

A
- フランスパン専用粉（フランス）……250g【100%】
- 砂糖……38g【15%】
- 塩……5g【2%】

バター……63g【25%】
卵……50g【20%】
生イースト……10g【4%】
（インスタントドライイーストの場合は4g）
牛乳……125g【50%】
あられ糖……適量

パンDATA

こね上げ温度	26～28℃
発酵	28～30℃ （60分＋パンチ後30分）
分割	50g×10個
ベンチタイム	15分
ホイロ	35℃（50分）
焼成	210℃（10～12分）

表面にあられ糖をパラパラと散らす。

はさみを少し寝かせて入れ、切り口がV字になるように切る。半分進んだところで、次の切り込みを入れる。

棒状に成形するときに、両端は少しだけ細くしておく。

2 パスティス ブーリ

フランスのランド地方などではよく知られているパン。スターアニスなどのハーブからつくられるパスティスというリキュールを使う。

材料（8cm型×9個分） 所要時間：4～6時間

- バター …………… 80g【40%】
- 砂糖 ……………… 100g【50%】
- パスティス（アニス酒）‥ 14g【7%】
- ラム酒 ……………… 6g【3%】
- 卵 …………………… 80g【40%】
- A
  - フランスパン専用粉（フランス） …………… 200g【100%】
  - 塩 ………………… 2g【1%】
  - レモンの表皮 ……… 少量
- 生イースト ………… 4g【2%】
  （インスタントドライイーストの場合は2g）
- 牛乳 ………………… 50g【25%】

パンDATA

こね上げ温度	26～28℃
冷蔵発酵	3～5時間
分割	60g×9個
ベンチタイム	なし
ホイロ	30℃で（20分）
焼成	200℃（20分）

つくり方

❶ ボウルにバターを入れてやわらかくし、砂糖を入れてすり混ぜる。パスティス、ラム酒、卵の半分量を少しずつ加え、分離しないようにすり混ぜる。

❷ 別のボウルに牛乳と生イーストを合わせ、残り半分量の卵を入れる。

❸ Aをボウルに合わせ、そこに❶と❷をあわせる。
❹ 台に出して手早く混ぜる。バターが溶けやすいので2～3分で混ぜる。（こね時間約3分）。（ a ）ボウルに戻して冷蔵庫で発酵をとる。

❺ 分割し、打ち粉を手にたっぷりつけて丸める。

❻ 丸めた生地をすぐにブリオッシュ型に入れ、表面を少し平らにする。（ b ）ホイロをとり、オーブンで焼く。

生地を型に入れたら、軽くつぶすように押す。

均一に混ざるようにこすりつける。

3 クグロフ

陶器で焼いた専用の型を使うアルザス地方の伝統的なパン。

材料（15cm型×2個） 所要時間：4時間30分

- A
  - 強力粉（カメリヤ）… 250g【100%】
  - 砂糖 ………… 63g【25%】
  - 塩 ……………… 3g【1.5%】
  - 脱脂粉乳 …… 13g【5%】
- バター ………… 88g【35%】
- 生イースト ……… 10g【4%】
  （インスタントドライイーストの場合は4g）
- 卵黄 ……………… 1個分【8%】
- 卵 ………………… 75g【30%】
- 水 ………………… 80g【32%】
- B
  - グランマニエ酒 …… 15ml【6%】
  - サルタナレーズン …… 125g【50%】
  - オレンジピール … 13g【5%】
  - レモンピール … 13g【5%】

パンDATA

こね上げ温度	24～26℃
発酵	28～30℃（90分）
分割	280g×2個
ベンチタイム	15分
ホイロ	32℃（60～80分）
焼成	190℃（40分）

つくり方

❶ Aをボウルに合わせる。別のボウルに水、イースト、卵、卵黄を合わせてから加え、混ぜてひとまとまりにする。

❷ 台に出してこね、約20分たったらバターを混ぜてさらに約15分こね、こね上がればBを加えて混ぜる。（こね時間約40分）。

❸ 発酵、分割、丸め、ベンチタイムを行う。

❹ 型にバターをぬる（ a ）。軽く丸め直し、閉じめを上にする。少しつぶし、肘を使って中央に穴を空ける（ b ）。穴に指を差し込んでリング状にし、型に閉じめを上にして入れる。

❺ ホイロをとる。型の9分目くらいにふくらんだら霧吹きをし、オーブンで焼く。

※アーモンドを入れる場合は、型にバターをぬるときにはりつける。

生地の中心を肘で押してから指で広げるとよい。

バターは写真のようにしっかりと型にぬる。

ブリオッシュの失敗と疑問①

ブリオッシュはどうして冷蔵発酵を行うの？

生地を扱いやすくするため

ブリオッシュは卵や砂糖、バターが多いため、たいへんやわらかく、取り扱いが難しい生地です。とくにバターを入れた後は、さらにやわらかくなるうえ、生地温度が上がるとバターが溶け出します。バターが溶けると、ぱさついた食感になり風味も悪くなります。冷蔵発酵させることで、生地が冷やしかためられて扱いやすくなり、温度上昇によるバターの溶け出しを防ぐことができます。

advice　冷やさない生地だと

さらに発酵させると生地がやわらかく、作業がやりづらくなる。常温に戻ると、かなり生地もやわらかくなるので、生地に少し冷たさが残っているうちに作業を終える。

ブリオッシュの失敗と疑問②

どんなときにバターが溶けやすいの？

生地の温度が上がるときに注意が必要

生地の温度が上昇してしまうとバターが溶けやすくなります。バターの多いブリオッシュの生地は一番の風味となるバターを溶かさないことが大切。しかし、わかっていても作業中に溶けてしまうことがあります。とくに、バターを入れる前の生地の温度が高いと溶けやすいので注意してください。

NG!

断面が粗くなる

OK!

目が詰まっている

バターが溶け出すと断面が粗くなり、スカスカになる。ブリオッシュの最大の魅力であるバターの風味も落ち、食感はぱさつく。

バターが溶けそうなときの対処法

こねの途中でバターが溶けそうになったら、強引に進めずに10分たたいて10分冷やし、
再び10分たたくというように、こまめに冷蔵庫へ入れて冷やします。

こねのとき

バターが液状になって表面に浮くと分離してしまい、生地がドロドロになって、グルテンができなくなる。こね時間が長めなので材料はすべて作業直前までしっかりと冷やすことが大切。

バターを入れる前の生地の温度が高いと溶けやすいので生地は21℃前後が理想。

成形の丸めのとき

バターが溶けて表面にツヤが出る。さらに溶けると生地がゆるくなってくる。丸めるのに時間をかけ過ぎて、手の温度が伝わったのが主な原因。

表面が張るようにしっかり丸められており、バターが溶けていないので、表面がさらりとしている。丸めも打ち粉をしてから生地に触ることを忘れずに。

ホイロのとき

ホイロの温度が高いことによってバターが溶け、表面が光っている。また、型の端に液体となったバターがたまっている。

十分にホイロがとれており、バターも溶け出していない状態。発酵温度が細かく設定できない場合は、温度が上がり過ぎないように発酵状態を観察する。

くびれをつくるときに胴と頭がちぎれました

違った方法で修正する

ブリオッシュは僧侶の形を表しており、頭と胴がバランスよくふくらんで、だるまのようになるのが理想。そのためには、成形時にくびれ部分を細くするのがコツです。しかし、ひねるときに生地をしっかり持つため、手の温度でバターが溶けてちぎれることも。できない場合は、生地を頭と胴に分けて成形し、修正します。どうしてもうまくいかないときは最初からこの方法で成形しても構いません。

ちぎれたときは

1 頭と胴体がちぎれた

くびれを細くし過ぎて、小さい生地と大きな生地に分かれてしまった状態。

2 大きい生地を型に入れる

型に大きな生地を入れ、指先で小さい生地を入れる穴をつくる。生地は型に密着させる。

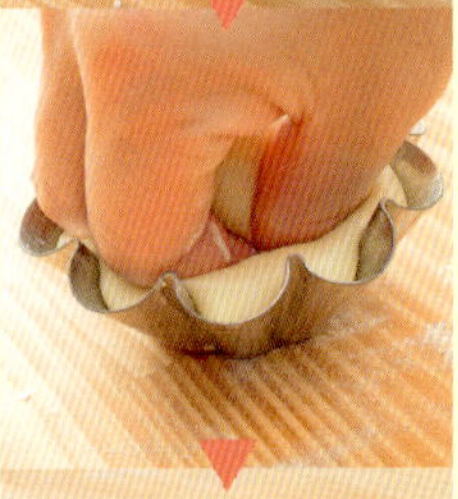

3 小さい生地を入れる

小さい生地の先を少し細くして、穴に入れる。

4 修正のでき上がり

小さい生地と大きい生地の境目を軽く押して固定すれば完成。

OK! 押し込みが深い

穴は生地の中心に空け、底がみえそうなほど深く空ける。指をぐっと押し込み、胴体の生地を型に密着させる。

NG! 押し込みが浅い

空ける穴が小さく浅い。首の位置が安定しないためどちらかに傾いてしまう。

焼き上がりに頭が傾きました

NG! 頭が飛び出した

頭が胴の中心からずれて飛び出し、傾いている。成形時に押し込みが浅かったり、中心からずれていたりするのが原因。

解決!

OK! 頭がまっすぐふくらむ

胴の中心からずれずに頭が中心にのっており、傾かずにまっすぐ上を向いている。成形のときに頭を胴の中心にしっかり押し込み、バランスよく入れる。

ブリオッシュの成形

1 くびれをつくる場所

丸めた生地にくびれをつくるときは、小指の側面を使い、手刀にする。

2 くびれをつくる

生地の1/3あたりに指をあて、上下に動かしてくびれをつくる。くびれはできる限り細くする。

3 くびれのでき上がり

くびれをつくるとひょうたんのような形になる。小さいほうが頭、大きいほうが胴体。

4 くびれを持つ

頭の生地を包むようにして、くびれ部分を持つ。

5 胴体の生地を入れる

胴体を型に入れて、くびれを持っている指先を型の中心に押し込み、頭が入る穴をつくる。

6 穴をつくる

頭を少し持ち上げて型をまわして再度押し込むのをくり返す。胴を型に密着させ、写真のような穴をつくる。

7 成形のでき上がり

最後に胴と頭の境目を指で少し押して頭を固定する。こうすることで頭が中央にくる。

頭と胴の境目がきれいな形になりません

OK! 境目がはっきりしている

胴の上にボリュームのある頭がのっかっており、境目もはっきりとわかる。理想の焼き上がり。

NG! 境目がない

生地はふくらんでいるが、頭と胴が同化して境目がわからなくなっている。主にくびれが太かったことが原因で起こる失敗。

頭は胴の中心にあるがふくらみが悪く、つぶれたようにみえる。成形時に時間がかかり過ぎて首まわりのバターが溶けたことが原因。

解決!

advice1 くびれは細く

頭と胴の境目をしっかりつくるには、くびれをちぎれる寸前まで細くする必要がある。太いとホイロによって生地がふくらんだときに境目がなくなる。

advice2 バターを溶かさない

作業中にバターが溶けると、成形が上手にできても生地がうまくふくらまない（写真はホイロ後）。47ページを参考にしてバターが溶けないように注意しながらつくるとよい。

one more

こね不足も原因かも!?

成形がきれいにできていても、こね不足だと、焼き上がりのボリュームが出ず、焼き上がりの形がきれいに出ないことがある。こね上がりは、写真右のように薄い膜ができるのがベスト。

ブリオッシュの失敗と疑問⑥

ホイロはどのくらいとればいいの?

OK! ちょうどよい状態

写真はホイロをとって約60分。胴体の生地が型とほぼ同じ高さまでふくらむ。押し込まれていた頭は、持ち上がってひとまわり大きくなっている。

NG! ホイロのとり過ぎ

焼くと…

発酵が進み過ぎて胴体が型からはみ出している。生地がゆるみ、頭のふくらみが少ししぼんでいる。しっとりとした食感を失い、モソモソとする。

ブリオッシュの失敗と疑問⑦

型からきれいに外れないのはどうして?

NG! 型から外れない

通常なら逆さまにすれば自然と外れるが、落ちない状態(右)。無理にとると生地の縁が型に残って欠けたり、ひどいときは割れたりすることもある(左)。

advice 卵をぬり過ぎてはダメ

卵をぬり過ぎて型につくと、それが接着剤がわりとなって生地が張りつき、型から外れにくくなる。ハケについた卵を少し落としてからぬるようにするとよい。また、型にはうっすら白くなる程度の油脂をまんべんなくぬっておく。

ソフト系③

メロンパン

菓子パンの代表格であるメロンパンは、さくさくとしたメロン生地が魅力です。クリームパンやあんぱんといったほかの菓子パンも同じパン生地でつくれます。

所要時間　4時間30分

★メロン生地はやわらかいのでしっかりこねること

メロンパンの失敗と疑問
▶66ページ

材料（12個分） ※【 】はベーカーズパーセントを示している

●中種
- 強力粉（カメリヤ）…………175g【70%】
- 砂糖……………13g【5%】
- 卵…………………50g【20%】
- 生イースト……10g【4%】
（インスタントドライイーストの場合は4g）
- 水……………63g【25%】

●本ごね
- 強力粉（カメリヤ）……………25g【10%】
- 薄力粉………50g【20%】
- 砂糖…………63g【25%】
- 塩…………………2g【1%】
- 脱脂粉乳…………5g【2%】
- バター…………38g【15%】
- 水……………45g【18%】

●メロン生地（12〜14個分）
- バター（室温）…………56g
- 砂糖……………………112g
- 卵………………………60g
- 薄力粉……………214g
- バニラエッセンス・レモンの表皮……………適量

下準備については18ページを参照

パンDATA

中種の発酵	28℃（90分）
こね上げ温度	27〜29℃
本ごねの発酵	28〜30℃（30〜40分）
分割	パン生地40g×12〜14個
ベンチタイム	15分
ホイロ	35℃（50〜60分）
焼成	210℃（10〜12分）

つくり方

中種をつくる（28℃で90分）

1 中種をつくる。大きめのボウルに強力粉と砂糖を入れる。別のボウルに温度を調整した水と生イーストを入れて泡立て器で混ぜる。生イーストがしっかり溶けたら卵を加え、さらに混ぜる。

2 1の粉のボウルに液体を入れて、ボウル内で指を立てながら円を描くようにかき混ぜる。徐々に粉気と水気がなくなってくるので、全体がひとまとまりになるまでしばらく行う。

3 粉気と水気がなくなってきたら、ボウルの中で生地が均一のかたさになるまでこねる。

4 こね終えたら手やボウルについた生地をカードでまとめる。28℃で写真のように大きくなるまで約90分発酵させる。夏は温度が高いので室温で発酵させてもOK。その場合は、乾燥しないようにラップをする。

メロン生地をつくる

5 メロン生地をつくる。室温に戻したバターをボウルに入れ、泡立て器で混ぜる。バターがマヨネーズくらいにやわらかくなったら、バニラエッセンスとすりおろしたレモンの皮を入れてさらに混ぜる。砂糖を半量入れて泡立て器ですり混ぜる。

6 残り半量の砂糖も加えてすり混ぜる。よく溶いた卵を５回に分けて加える。卵を加えるごとに泡立て器で手早く混ぜ、４回目の卵を入れるころには写真のようにゆるくなる。

7 バターが分離しやすくなるので、薄力粉を１/４量加えてから５回目の卵を入れて混ぜる。残りの薄力粉をすべて入れ、泡立て器についた生地を落とす。

▶詳しくは67ページへ

8 生地が均一なかたさになるまでカードで切り混ぜる。ひとかたまりになったら、台の上に取り出す。

9 生地を3つに分け、手のひらで台にこすりつける。パン生地のように上下に行うとバターが溶けるので、手前から奥に向かって一度だけ行う。冬はバターがなじみにくいので2回行う。

10 バットにラップを敷き、その上に生地をまとめてのせる。生地全体をラップで包み、薄く均一な厚さにする。冷蔵庫で１時間以上（夏は2時間以上）冷やす。

本ごねをする

11 本ごねに移る。ボウルに強力粉、薄力粉、砂糖、塩、脱脂粉乳の粉類を合わせる。

12 ④でつくった中種に、カードで十字の切込みを入れて四分割し、すき間をつくる。そこへ⑪を入れる。

13 水を加えて粉気と水気がなくなるまで全体を混ぜる。

14 生地がまとまったら生地を台に出す。ボウルについた生地もカードでしっかりと落とす。生地を台にこすりつけるように上下に動かす。

15 全体が均等になったら生地をまとめる。生地の底に下から手を差し込んで持ち上げ、向きを90度変えながら生地の下端を台にたたきつける。持ち上げた部分を生地にかぶせる。この動作を約15分続ける。

こねる（15分）

16 片手ごねの場合。片手にカードを持って生地をかき集め、横から生地を持ち上げる。縦にして生地下半分を台に落としてから、上半分をおおいかぶす。この動作をくり返す。約15分後、生地を広げて写真のようなグルテンの膜ができればよい。

バターを包む

17 生地を平たくして四角くのばし、生地の中心に室温に戻したバターを置く。バターを生地で包む。

こねる（15分）

18 生地を両手でつかんで引きちぎり、台にこすりつけるように上下に動かして練る。バターが生地になじみ、全体が均等ななめらかさになるまでよく混ぜたら、カードでひとまとめにして手についた生地を落とす。

19 カードで生地をかき集めながら、さらに約15分こねる。生地のベタつきがなくなり、生地がまとまってきたら、グルテンの膜を再度確認する。生地の一部を切って広げ、写真のような膜ができていればよい。

発酵（28〜30℃で30〜40分）

20 生地を丸くまとめて油脂類をぬったボウルに入れる。温度計でこね上げ温度をはかる。温度は27〜29℃がよい。乾燥しない場所で28〜30℃、30〜40分発酵させる。

メロン生地の分割（30g×12個）・丸める

21 工程⑩のメロン生地が冷やし終わっていたら、分割をする。カードで切って1個30gずつはかり、手のひらで軽く丸める。

22 丸めたメロン生地をバットに並べ、ラップをして室温に置く。なお、メロン生地はパン生地より少し多くできるので余る。（むだなくとれている場合は14個できる）

パン生地の分割（40g×12個）

23 パン生地を分割する。はかりで1個40g、計12個に分割する。40gに満たない生地は、等分して分割した生地に均等に合わせる。

丸め・ベンチタイム（15分）

24 表面を上にして生地を置く。丸めた手のひらで生地を包み、台にこすりつけるように反時計回りに動かし、生地を丸める。閉じめが下になるように置いて約15分ベンチタイムをとる。ベンチタイム後はひとまわりふくらむ。

成形

25 生地を手のひらで軽くつぶしてガスを抜く。工程㉔のように再度丸め直す。裏の閉じめを指先でつまんでしっかりと閉じる。

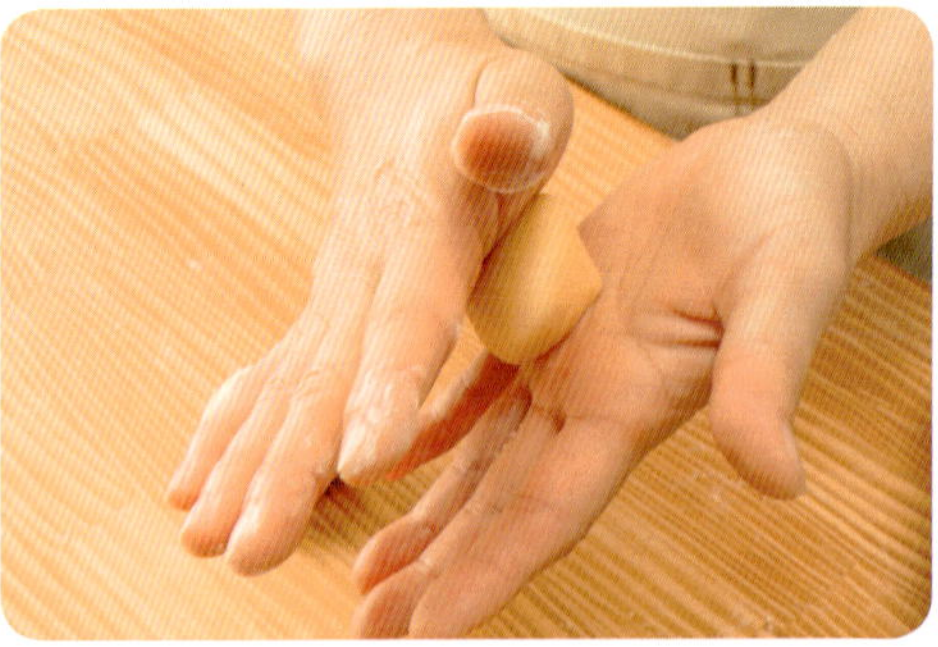

26 パン生地とメロン生地とを合体させる。㉒のメロン生地を再度手のひらで丸めて団子状に整え、生地のかたさを均一にする。

27 メロン生地を手のひらで平らにつぶし、丸めたパン生地の約8割ほどの大きさに広げる。閉じめを下にして置いたパン生地の上にかぶせ、手のひらの上にのせる。

28 軽く丸めた手のひらで生地を包み、生地を丸めるときのイメージで反時計回りに動かす。少しずつメロン生地をのばし、パン生地を包む。時間をかけるとベタついてくるので手早く行うこと。

29 メロン生地はパン生地の裏側までのばしていく。写真のように裏側に500円玉くらいの大きさのパン生地がみえているのがベスト。

▶詳しくは68ページへ

30 裏側のパン生地の部分を指でつまんで持ち、表側を仕上げ用のグラニュー糖につける。その状態のまま、生地を少し回して表面全体にグラニュー糖をつける。

31 オーブンシートを敷いた天板に生地を置く。ホイロ後ふくらむので、それぞれ1個分以上の距離を離して置くこと。カードを使って縦横3本ずつ筋を入れて格子網様をつくる。

ホイロ（35℃で50～60分）

32 写真のようにふくらむまで、35℃で50～60分ホイロをとる。湿度があるとグラニュー糖が溶けるので、なるべく乾燥した場所でホイロを行う。

焼成（210℃で10～12分）

33 予熱したオーブンに入れ、210℃で10～12分焼く。均等な焼き色がつくように焼いている途中で位置を入れかえるとよい。写真のような焼き色になったら取り出す。

メロンパンの Arrange

所要時間
4時間30分

チョココルネ

材料（10個分）

●パン生地（中種・本ごね）

つくる分量はメロンパン（53ページ）と同じ

●チョコレートクリーム

砂糖……………………………55g
コーンスターチ………………25g
ココアパウダー ………………15g
牛乳…………………………250ml
スイートチョコレート ………30g
バター …………………………10g
ブランデー……………………10ml

パンDATA

発酵種の発酵	28℃（90分）
こね上げ温度	27〜29℃
本ごねの発酵	28〜30℃（30〜40分）
分割	パン生地50g×10個
ベンチタイム	15分
ホイロ	35℃（40〜45分）
焼成	210℃（8〜10分）

作り方

メロンパンの工程20まで行う
※ただし、メロン生地の工程はなし

チョコレートクリームをつくる

1 ボウルに砂糖、コーンスターチ、ココアパウダーの粉類を合わせて泡立て器で混ぜる。鍋に冷たい牛乳とチョコレートを入れて火にかけ、チョコレートが溶けたらすぐ、牛乳が温まる前に粉類を加える。

2 1の写真左のようにかたまってきたら、焦げやすいので注意して1分間沸騰している状態を保ちながら力いっぱい混ぜる。火を止めてバターを加えたらバットに流す。ラップをかけて密着させて平らにし、バットを氷にあててよく冷やす。

分割（50g×10個）・ベンチタイム（15分）

3 パン生地を分割する。はかりで50g×10個に分割する。生地を手のひらでしっかりと丸め、約15分ベンチタイムをとる。

型に油脂をぬる

4 コルネの型にハケでまんべんなくショートニングをぬる。

成形

5 台に打ち粉をし、生地に軽く打ち粉をつける。生地の閉じめを上にして置き、手のひらで軽くつぶして平らにする。生地の上部1/3を手前に折る。生地を180度回転させ、折った側を手前にする。

6 生地の上部1/3を手前に折り、軽く押さえつけてくっつける。生地をさらに奥から手前にふたつ折りにする。指先を使って生地の端を軽く押さえつけ、しっかりとくっつける。（3つ折り）

7 すべての生地を❻のように約10cmの棒成形にしてから次の工程に移る。閉じめを上にしておき、つぶしてガスを抜く。2つ折りにして閉じめをしっかり閉じる。手のひらで生地を転がしてのばす。

8 型の2.5本分の長さまでのばす。長すぎたり短かったりすると、巻き数が変わり、厚みも違ってくるので注意。

9 型の下端に生地の端をあてて、親指で押さえる。少しずつ隙間を開けながら、らせん状に生地を型に巻いていく。巻き終わりの部分を生地と合わせて指でつまんでつなげ、巻き始めもつなげてとめる。

10 巻き始めの止めた場所と巻き終わりを止めた場所が、同じ面で終わるとよい。

ホイロ（35℃で40～45分）

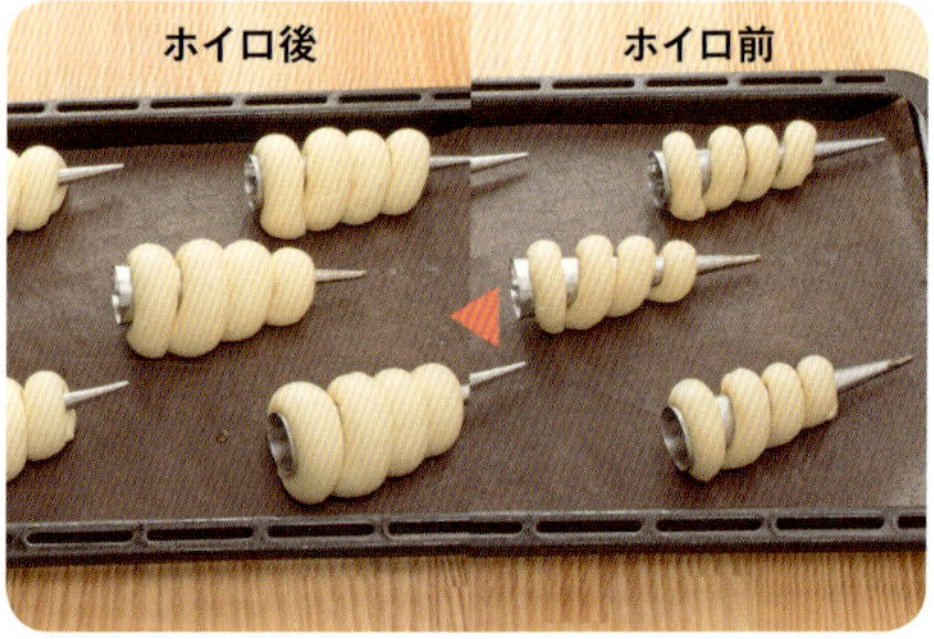

11 オーブンシートを敷いた天板の上に、閉じめを下にして置く。35℃で40～45分ホイロをとる。ふくらむのでそれぞれ1個分以上の距離を離して置くこと。

焼成（210℃で8～10分）

12 ホイロを終えたら、溶いた卵をハケで生地にまんべんなくぬる。このとき、型の部分に卵が流れ込まないようにすること。予熱したオーブンに入れ、210℃で8～10分焼く。

チョコレートクリームの準備をする

13 途中で均等な焼き色がつくように位置を入れかえながら、写真のような焼き色になるまで焼く。手に清潔な軍手をはめて熱いうちに型を回しながら抜き、クーラーの上にのせて冷ます。

14 ❷のチョコクリームをバットからボウルに移す。ゴムベラでよく混ぜ、コシを切ってやわらかくする。ボウルに少しへばりつくようになったら、ブランデーを加えてなめらかになるまで混ぜる。

チョコレートクリームを絞る

15 絞り出し袋にチョコクリームを入れる。

16 コルネの細くなっているほうを確認しながら、チョコクリームを入れる。先までしっかり入ったら絞り袋を引きながら絞り続け、最後は太い側の口を確認して最後まで詰める。写真のように筒状すべてに入っているのが理想。

ソフト系③

菓子パングループのパンたち

1 スイートロール

カスタードクリームが入った、スイーツのような甘いパン。

材料(8個分)　所要時間：3時間

A ┌ バター……………38g【15%】
  └ ショートニング‥25g【10%】
砂糖…………………………50g【20%】
バニラエッセンス……………適量
卵……………………… 100g【40%】
B ┌ 強力粉(カメリヤ)‥250g【100%】
  │ 塩 ……………………4g【1.5%】
  └ 脱脂粉乳 ……………13g【5%】
生イースト………………10g【4%】
(インスタントドライイーストの場合は4g)
水 …………………………50g【20%】
●カスタードクリーム※半量を使用
牛乳…………………………250ml
バニラエッセンス……………適量
卵黄…………………………3個分

砂糖………………………………………75g
薄力粉 …………………………………25g

ダークチェリー(缶詰)…………1缶
アプリコットジャム、フォンダン
……………………………………各適量

パンDATA

こね上げ温度	26〜28℃
発酵	28〜30℃(60分)
分割	1玉×500g
ベンチタイム	15分
ホイロ	35℃(50〜60分)
焼成	210℃(12分)

つくり方

① カスタードクリームをつくる。鍋に牛乳を入れて沸騰させる。ボウルに卵黄とバニラエッセンスと砂糖を入れてすり混ぜる。小麦粉を加えてさっと混ぜる。牛乳を加えて溶きのばし、裏ごししながら鍋に入れ、強火で1〜2分こがさないように炊く(a)。バットに移し、ラップを密着させて急冷する。

② Aをボウルに入れて泡立て器で混ぜ、砂糖とバニラエッセンスを入れてすり混ぜる。さらに卵半量を少しずつ入れて混ぜる。別のボウルにBを合わせる。さらに別のボウルに水をイーストを溶かし残り半量の卵を入れて混ぜる。

③ 3つのボウルを合わせる。台に出してこねる。(こね時間約25分)。

④ 四角い形にして、ベンチタイムをとる。30cm四方にめん棒でのばし、①のカスタードクリームをゴムべらでやわらかく戻し、均等にぬる。上部から少しずつ巻き、巻き終わりをつまんで閉じる。生地を8等分し、横にしてケースに入れる(b)。

⑤ ホイロをとり、溶き卵をぬって汁気をきったダークチェリーを1個につき5粒くらいのせる。オーブンで焼き、仕上げにアプリコットジャムとフォンダンをぬる。

切り口を上にしてケースに入れ、上から軽く押す。

焦がさないように、弱火でしっかり混ぜながら炊く。

2 ツォップ

「編んだ髪」という意味のパン。あられ糖やアーモンドで飾りつけをする。

材料(3本編み×7個分)　所要時間：3時間

A ┌ フランスパン専用粉(フランス)
…………500g【100%】
│ 砂糖………80g【16%】
│ 塩……………7g【1.5%】
└ 脱脂粉乳……20g【4%】
バター…………75g【15%】
卵………………100g【20%】
生イースト………15g【3%】
(インスタントドライイーストの場合は7g)
水………………200g【40%】
サルタナレーズン…150g【30%】
あられ糖、八つ割りアーモンド‥適量

パンDATA

こね上げ温度	26～28℃
発酵	28～30℃(約60分)
分割	50g×21個
ベンチタイム	約15分
ホイロ	35℃(40～50分)
焼成	210℃(12～15分)

つくり方

1 Aをボウルに合わせる。別のボウルに水、イースト、卵を合わせてから加え、混ぜてひとまとまりにする。
2 台に出してこね、約15分たったらバターを混ぜてさらにこね、10分ほどでレーズンを加えて混ぜる。(こね時間約30分)。発酵、分割、丸め、ベンチタイムを行う。
3 2段階に分けて棒をのばしていく。まずは3つ折りし、長さ10cmの棒成形にする(178ページ参照)。
4 最初に成形した生地から、閉じめを上にしてガスを抜く。2つ折りにし、合わせめを閉じ、転がして25cm長さまでのばす(a)。
5 3本を1組にして中央から三つ編みにしていく。半分を編んだら上下裏表をひっくり返してからあむ(b)(c)。
6 ホイロをとり、焼成前に溶き卵をぬってあられ糖とアーモンドを散らし、オーブンで焼く。

きれいな編み模様になればよい。

3本の生地を間隔をあけて並べ、中心から交差させて編む。

手で転がしながら、両端が少しだけ細くなるようにする。

3 モカロール

コーヒークリームをたっぷりと使った菓子パン。インスタントコーヒーを使って手軽にできる。

材料(8個分)　所要時間：3時間

A ┌ 強力粉(カメリヤ)‥250g【100%】
│ 砂糖………30g【12%】
│ 塩……………4g【1.5%】
│ 脱脂粉乳……13g【5%】
└ インスタントコーヒー…3g【1%】
バター…………50g【20%】
卵……………50g【20%】g
生イースト…………8g【3%】
(インスタントドライイーストの場合は3g)
水………………140g【56%】
●コーヒークリーム
バター……………………40g
砂糖……………………40g
卵…………………………40g
B ┌ インスタントコーヒー…2g
└ アーモンドパウダー……40g
フォンダン………………適量
インスタントコーヒー…適量

パンDATA

こね上げ温度	26～28℃
発酵	28～30℃(60分)
分割	1玉×500g
ベンチタイム	15分
ホイロ	35℃(40～50分)
焼成	220℃(12分)

つくり方

1 コーヒークリームをつくる。ボウルにやわらかいバターと砂糖を入れて白っぽくなるまですり混ぜる。卵を数回に分けて入れ、Bを入れてよく混ぜる。
2 ボウルにAを合わせる。別のボウルに水、イースト、卵を合わせてから加え、混ぜてひとまとまりにする。台に出してこね、約15分たったらバターを混ぜてさらにこねる。(こね時間約30分)。
3 発酵を行い、四角に成形してベンチタイムをとる。
4 30cmの正方形にめん棒でのばす。1のクリームをぬり、上から巻いていき閉じる。包丁で8カット、さらに1個に切り込みを入れて、ケースに入れる(a)。
5 ホイロをとり、溶き卵をぬってオーブンで焼く。
6 焼き上がってパンが冷めたら、人肌に温めたフォンダンにインスタントコーヒーを混ぜたものを絞る(b)。

絞り出し袋を使って、波打つように絞り出す。

包丁で8等分したら、上部を少し残して切り口を入れる。

生地はどのくらいこねたらいいの?

やわらかくても心配ない

メロンパンのパン生地は糖分が多く、生地のベタつきが不安になりますが、粉を足してはいけません。根気よくこねていれば、生地にツヤが出てまとまってきます。べたついて両手ではこねにくい場合は、こねるときにもう一方の手にカードを持ち、台にくっついた生地をはがしながら行うと、やりやすくなります。メロンパンの生地はとにかくしっかりこねることが大事です。

バターを入れる前

OK! ちょうどよい

生地はまとまり、台にくっつかなくなる。表面はつるんとしていてツヤが出る。グルテンの膜を確認するとキメがそろい、指が写真のように透けてみえるまでのばしても破れない。こね時間の目安は約15分。

NG! こね足りない

生地はまだベタついて台にくっつきやすく、表面にツヤがない。グルテンの膜を確認すると、キメが粗く、厚いところと薄いところがある。

バターを入れたあと

OK! ちょうどよい

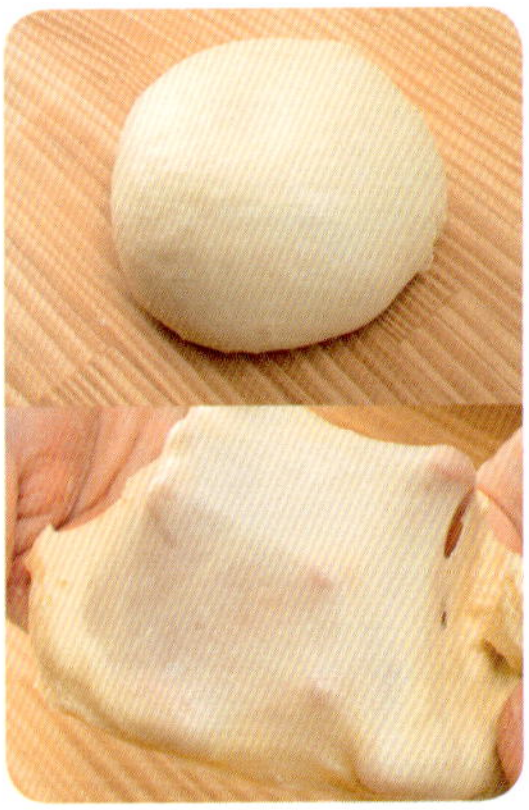

生地はまとまり表面がつるんとする。メロンパンの膜はよくのびるが、薄い膜になる。写真の程度の薄さまで膜が広がればよい。こね時間の目安はバターを入れてから約15分。

NG! こね足りない

生地はまだやわらかくベタつく。グルテンの膜を確認すると、バターを入れる前よりはキメがそろうがグルテンが弱く、写真以上にのばすことができない。

メロン生地の卵が分離してしまいます

力強くかき混ぜる

油と水は反発しあう性質があるため、油であるバターと水分の多い卵は分離します。泡立て器でたたきつけるように混ぜることで油の分子に水が入り込み、乳化できます。思っている以上に長く力強くかき混ぜることが必要です。生地の量が少ないのでハンドミキサーではなく、泡立て器を使います。また、卵白は水分が多いため、かたまっていると分離します。入れる前にしっかりほぐしましょう。

advice1 卵は少しずつ入れる

バターと卵は混ざりにくいので、卵はいっぺんに入れず5回に分けて入れる。混ぜるときは、卵がみえなくなってもまだ乳化しきっていないので、さらに約1分混ぜ続けてから次の卵を入れる。

advice2 粉を少し入れて防ぐ

卵量が多めのメロン生地は分離しやすい。分離しそうなときは5回目の卵を入れる前に、粉の1/4量を入れ、その上に卵を入れて水分を吸わせるとよい。

解決！

OK! 白っぽくなっている

バターに卵の水分が入り、しっかり乳化している状態。全体が白っぽくツヤが出ている。

NG! 黄色っぽくなっている

バターと卵が分離して油分が浮いた状態。乳化されていないので白っぽくならず、全体に卵の黄色が出ていて、ボソボソしている。

メロン生地でパン生地をうまく包めない

メロンパンは中級者でも難しい

メロンパンはメロン生地とパン生地とを別につくり、成形時に合体させるという難易度の高い成形です。うまく合体できないと、焼き上がりの見た目が悪くなります。メロン生地はパン生地の裏側までかぶせたり、メロンパンの特徴である格子模様を等間隔に入れるなど丁寧に成形しましょう。冬場はメロン生地がかたくなりやすいので、手で包んであたためるとのばしやすくなります。

NG! メロン生地が破れた

まだかたい生地でかぶせようとしたり、なかなか生地がのびないからといって力を入れて、無理にのばしたりすると、メロン生地が破れる。

OK! きれいな格子状

格子模様はひし形をしており、大きさがそろっている。側面全体までしっかりメロン生地におおわれている。

NG! かぶっていない

メロン生地をかぶせるときに、全体を均等にかぶせることができず、側面にメロン生地のない部分がある。また、格子模様も間隔が不ぞろいで見た目が悪い。

OK! 裏まで生地がある

メロン生地は裏側までのばし、真ん中を中心に均等にかぶっているのが理想。

メロンパンの失敗と疑問④

メロンパンの焼き色はどのくらいがベストなの？

OK! ベストな焼き色

ちょうどよい焼き加減は格子模様の端や、カードで入れた模様の隙間などが薄茶色に色づいているころ。

NG! 焼き足りない

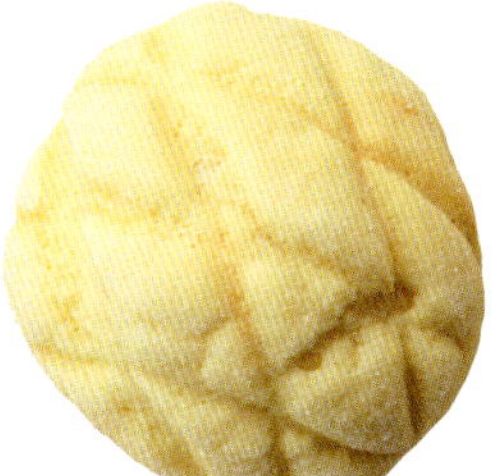

パン生地部分もメロン生地部分も全体的に白っぽい。クッキー生地のさくさく感が足りず、味は粉っぽい。

NG! 焼き過ぎ

格子模様の端や隙間だけでなく、全体に濃い焼き色がついたときは、焼き過ぎている。

advice1 メロン生地は大き過ぎない

上にのせるメロン生地は、丸めたパン生地よりひとまわりだけ大きいサイズにするとかぶせやすい。これより小さいとなかなかのびず、逆に大きいと下のほうに生地がたまって、均等にかぶらない。

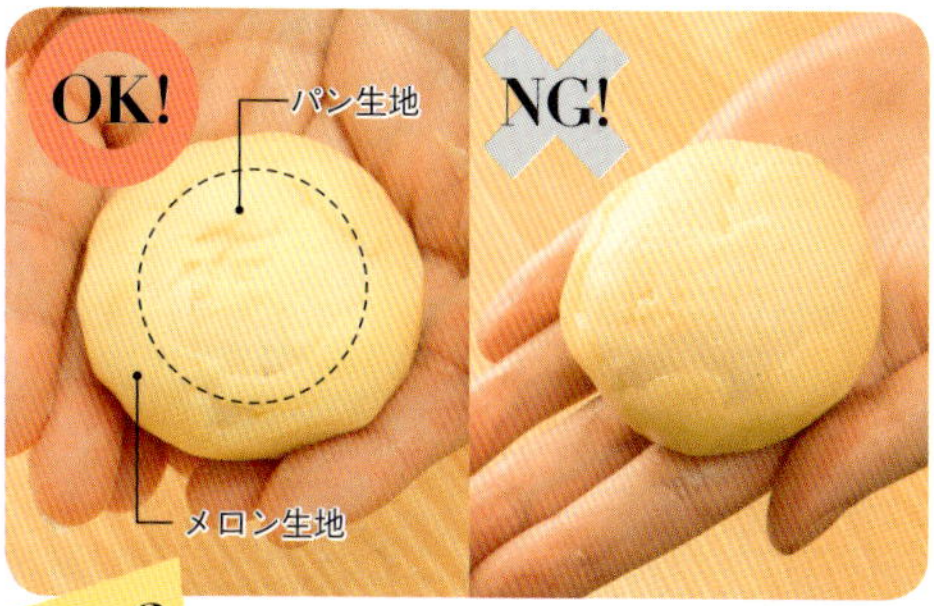

advice2 500円玉程度の輪

メロン生地はパンの裏側に500円玉大の丸ができるまでのばす。写真右のように裏側までいってなかったり、丸ではなくがたがたにのびていると焼き上がりの表にパン生地が出てくることがある。

one more

分割後は少し常温に戻す

メロン生地は生地を分割・丸めをしたあとに、30分以上常温におく。生地はだれやすく、台にはりつきやすいので、バットに間隔をあけて並べ、ラップをして乾燥を防ぐとよい。

セミハード系❶

食パン

長時間発酵をとることによって、しっとりとした味わいの食パンが生まれます。完成までに時間はかかりますが、発酵時間がとくに大事なのです。その分達成感もひとしおです。

所要時間　5時間

★食パンは強いグルテンが大切。とにかくよくこねて

食パンの失敗と疑問
▶80ページ

材料（1斤型・2本分） ※【 】はベーカーズパーセントを示している

強力粉（スーパーキング）……………………500g【100%】
砂糖……………………………25g【5%】
塩………………………………10g【2%】
脱脂粉乳………………………10g【2%】
バター（室温）…………………10g【2%】
ショートニング…………………15g【3%】
生イースト…………………10g【2%】
（インスタントドライイーストの場合は4g）
水（適温）…………………350g【70%】

下準備は18ページを参考にする

パンDATA

こね上げ温度	26～28℃
発酵	28～30℃（90分+パンチ後40分）
分割	225g×4個
ベンチタイム	20分
ホイロ	35℃（60～70分）
焼成	210℃（30～35分）

つくり方

材料を混ぜる

1 大きめのボウルに強力粉、砂糖、塩、脱脂粉乳を入れる。別のボウルに温度を調節した水と生イーストを入れて泡立て器で混ぜて生イーストを溶かす。

2 ❶の粉のボウルに液体を入れて混ぜ合わせる。ボウル内で指を立てながら円を描くようにかき混ぜ、全体がひとまとまりになるまでしばらく行う。

こねる（15分）

3 生地がひとまとまりになったら台に移す。このとき、材料の分量が変わらないよう、手やボウルについた生地もカードでできるだけきれいに取るようにする。

4 生地を両手でつかんで、台にこすりつけるように上下に動かして練る。ときどき手についた生地をカードで取って混ぜながら、全体が均等になめらかになるまで続ける。

▶詳しくは155ページへ

5 ひとまとめにした生地の底に下から手を差し込み、持ち上げる。向きを90度変えながら生地の下端を台にたたきつける。持ち上げている生地をたたきつけた生地にかぶせるように折る。

6 ❺の動作をくり返していると、右の写真のようにベタベタしていてツヤのない生地が徐々にまとまり、左の写真のように生地が張ってくる。

7 生地にハリが出てきたら、グルテンの膜ができているかを確認する。生地の一部をカードで切り、指が透けてみえるまで、四方に薄く広げる。写真のような膜が張っていたら次の工程に移る。

▶詳しくは80ページへ

バターとショートニングを包む

8 生地を四角にのばし、生地の中心に室温に戻したバターとショートニングを置く。バターとショートニングを生地で包む。

こねる（15分）

9 生地を両手でつかんで引きちぎり、台にこすりつけるように上下に動かして練る（工程❹と同様の動作）。均一なかたさになったら、工程❺と同じ方法でさらにたたく。

10 全体で30分以上こねて生地の表面が張ってきたら、生地の一部を切って四方に広げ、グルテンの膜ができているかを確認する。写真のように薄く張っていたら次の工程に移る。足りない場合はさらに5分こねて、再度確認する。

発酵（28～30℃で90分）

11 生地を丸くまとめて張った面（表面）を上にし、油脂類をぬったボウルに入れる。温度計でこね上げ温度をはかる。温度は26～28℃がよい。乾燥しない場所で28～30℃で約90分発酵させる。

12 時間がたったら発酵がしっかり終えているかフィンガーテストで確認する。打ち粉をつけた人さし指を生地にさし込み、跡がそのまま残ればよい。

▶詳しくは163ページへ

パンチ

13 台に打ち粉をし、生地の表面が下にくるように台に移す。生地の中心から外へ向かって手のひらで押してガスを抜き、生地を平らにする。

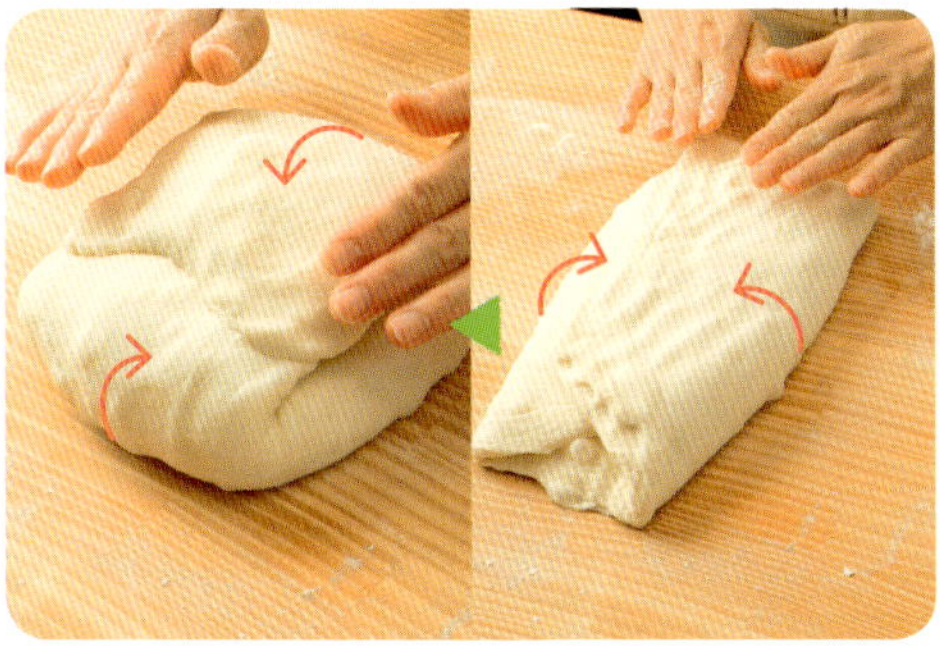

14 左右から2つ折りにして手のひらで押さえ、次に上下を2つ折りする。

▶詳しくは166ページへ

発酵（28～30℃で40分）

15 生地の閉じめを下にしてボウルに入れ、乾燥しない場所で28～30℃で約40分発酵させる。発酵を終えたら工程⑫と同様にフィンガーテストを行い、発酵が終了しているか確認する。

分割（225g×4個）

16 台に打ち粉をし、生地の表面が下にくるように台に移す。はかりで1個225g、計4個になるように計量し、分割する。余った生地が少量な場合は、等分して分割した生地に均等に合わせる。

丸める

17 打ち粉はせずに生地のつるりとした面(表面)を上にして置く。奥にある生地を下に巻き込みながら手前にたぐり寄せる。これをくり返して生地を丸める。

▶詳しくは170ページへ

ベンチタイム（20分）

18 丸めがすべて終わったら、閉じめが下になるように置いて約20分ベンチタイムをとる。生地が乾燥しそうな場合は、大きめのビニールをかけて乾燥を防ぐ。ベンチタイム後はひとまわりふくらむ。

成形

19 台に打ち粉をする。閉じめを上にして置き、手のひらでつぶしてガスをしっかり抜き、めん棒をかけて楕円形になるように広げる。

20 生地の縁にある気泡を手のひらでつぶして抜く。生地の上部1/3を手前に折る。手のひらを使って押さえつける。上下をひっくり返して、折ったほうを手前にする。同じく上部1/3を手前に折ってさらに押さえる。

21 生地を縦長になるように置き、上部を1回巻いて指で押さえて芯をつくる。そのまま生地を手前にくるくると巻き、巻き終わりを手のつけ根の部分で押して生地を張らせる。巻き終わりを上にし、指でつまんでしっかり閉じる。

22 食パン型の内側にハケでまんべんなく油脂をぬる。生地を型に入れるときは、巻き終わりがそれぞれ内側になるように（写真）入れる。型に入れたら生地を左右の壁にくっつける。

ホイロ（35℃で60～70分）

23 35℃で60～70分ホイロをとる。ふくらんだ生地の高さが型の高さギリギリまで上がったらホイロを終える。

▶詳しくは83ページへ

24 ホイロを終えたら、ハケで水：卵＝1：1に薄めた卵をまんべんなくぬる。このとき、卵が型につかないように注意する。

焼成（210℃で30～35分）

25 予熱したオーブンに入れ、210℃で30～35分焼く。写真のような焼き色になったら取り出し、すぐに型からパンを取り出してクーラーの上で冷ます。

▶詳しくは84ページへ

食パンの Arrange | 所要時間 5時間

角食パン

材料（1斤型・2本分）

●生地
つくる分量は食パン（71ページ）と同じ

パンDATA

こね上げ温度	26〜28℃
発酵	28〜30℃ （90分+ パンチ後40分）
分割	215g×4個
ベンチタイム	20分
ホイロ	35℃（40〜50分）
焼成	210℃（30〜35分）

つくり方

食パンの工程18まで行う

成形

1 215gに分割した生地は2個を1セットと考える。台に打ち粉をして閉じめを上にして置き、手のひらで押してガスをしっかり抜く。

2 めん棒をかけて楕円形に広げる。生地の縁にある気泡を手のひらで押してガスを抜く。

3 生地を縦長になるように置き、上部1/3を手前に折る。上下を返し、さらに1/3折って押さえる。さらに2つ折りにし、合わせめを手のつけ根部分で押し、指でつまんで閉じる。

4 生地の閉じ目を下にして置き、2つの生地が逆方向を向くようにU字型に折る。U字の折りめ側にカードで太さの半分まで切り込みを入れる（この成形方法は馬の蹄の形に似ていることから「馬蹄《ばてい》形」と呼ぶ）。

5 食パン型の内側にハケでまんべんなく油脂をぬり、写真のような方向で型に入れる。

ホイロ（35℃で40～50分）

6 35℃で40～50分ふたをつけずにホイロをとる。型の8割高さまでふくらむとよい。角食パンはふたをするので、山型の食パンよりホイロ時間は短くし、ふくらみの低い状態で終える。

焼成（210℃で30～35分）

7 予熱したオーブンに入れ、食パン型のふたをして210℃で30～35分焼く。きれいな焼き色がついたら取り出し、すぐに型からパンを取り出してクーラーの上で冷ます。

セミハード系❶

食パングループのパンたち

つくり方

❶ 中種をつくる。ボウルに水とイーストを入れて溶かす。別のボウルに強力粉を入れ、2つを合わせる。粉気がなくなるまで混ぜて台に出し、こすりつける。発酵をとる。

❷ ボウルにAを入れ2～3時間浸す。中種にAとBを加えて混ぜる。台に出してこね、約15分たったらバターとショートニングを混ぜてさらにこねる（こね時間約30分）。

❸ 発酵、分割、丸め、ベンチタイムを行う。

❹ 2つ折りにし（ a ）、手でガスを抜いてからめん棒で30cmくらいまでのばす（ b ）。

❺ 型に油脂類をぬる。3つ折りにし、食パン型に入れて片側に寄せる（ c ）。

❻ ホイロをとり、型のぎりぎりまでふくらめばOK。薄めた溶き卵をぬり、オーブンで焼く。

1 グラハムブレッド

小麦の皮や胚芽を除かずにそのまま製粉した「全粒粉」を使った栄養価が高く香ばしいパン。

材料（1斤型2本分）　所要時間：6時間

●中種

強力粉（スーパーキング）……350g【70%】
水……225g【45%】
生イースト……10g【2%】
（インスタントドライイーストの場合は4g）

●本ごね

A ┌ 全粒粉（粗挽きのもの）…150g【30%】
　└ 水……125g【25%】
B ┌ 砂糖……30g【6%】
　│ 塩……10g【2%】
　└ 脱脂粉乳……10g【2%】
バター……15g【3%】
ショートニング……15g【3%】

パンDATA

中種の発酵	25～28℃ (3～4時間)
こね上げ温度	28～30℃
本ごねの発酵	28～30℃ (30～40分)
分割	440g×2個
ベンチタイム	20分
ホイロ	35℃(60分)
焼成	200℃(30～35分)

型に入れるときには、写真のように型の端に寄せるのがポイント。

めん棒でガスを抜きながら生地をのばす。

2つ折りにしたら、閉じめを指でつまんでぎょうざのような形にする。

2 ウォールナッツブレッド

くるみと全粒粉を使った香ばしくて素朴なパン。

材料（1斤型×2本分）　所要時間：4時間30分

- A
  - 強力粉（スーパーキング）……………400g【80%】
  - 小麦全粒粉（細挽きのもの）……………50g【10%】
  - ライ麦粉…50g【10%】
  - 砂糖…………25g【5%】
  - 塩……………10g【2%】
  - 脱脂粉乳……10g【2%】
- バター……………25g【5%】
- 生イースト………15g【3%】（インスタントドライイーストの場合は7g）
- 水………………360g【72%】
- くるみ（ロースト）…125g【25%】

パンDATA

こね上げ温度	25〜27℃
発酵	28〜30℃（60分+パンチ後30分）
分割	240g×4個
ベンチタイム	20分
ホイロ	35℃（60分）
焼成	220℃（30〜35分）

つくり方

1 Aをボウルに合わせる。別のボウルに水とイーストを合わせてから加え、混ぜてひとまとまりにする。

2 台に出してこね、約15分たったらバターを混ぜてさらにこね、約15分たったらくるみを加えて混ぜる（こね時間約35分）。

3 発酵、パンチ、発酵、分割、丸め、ベンチタイムを行う。

4 型に油脂類をぬる。俵型に成形する（食パン74ページ⑲〜㉒参照）（a）（b）。

5 ホイロをとり、型のぎりぎりまでふくらめばOK。表面に薄めた溶き卵をぬってオーブンで焼く。焼き上がりはすぐに型から出す。

生地の成形は2つ同時進行で行なうこと。

生地は上から巻いていく。

3 玄米ブレッド

生地に玄米を混ぜ込んだもっちりとした食感のパン。

材料（1斤型・2本分）　所要時間：前日10分、当日4時間

●発酵種
- 強力粉（スーパーキング）… 250g【50%】
- インスタントドライイースト……………………5g【1%】
- 水………………150g【30%】

●本ごね
- 玄米（炊いた状態）… 200g【40%】
- 水…75〜100g【15〜20%】
- A
  - 強力粉（スーパーキング）……………250g【50%】
  - 砂糖…………25g【5%】
  - 塩……………9g【1.8%】
  - 脱脂粉乳……10g【2%】
- 生イースト………10g【2%】（インスタントドライイーストの場合は4g）
- バター……………25g【5%】

パンDATA

発酵種の発酵	25〜28℃（15〜20時間）
こね上げ温度	28〜30℃
本ごねの発酵	28〜30℃（60分）
分割	230g×4個
ベンチタイム	20分
ホイロ	35℃（60分）
焼成	200℃（30〜35分）

※玄米は生で100g（20%）使用する。

つくり方

1 発酵種をつくる。ボウルに強力粉、水で溶いたイーストを入れ、合わせる。発酵をとる。玄米は前日から2〜3倍の水（分量外）につけ、当日、鍋でふたをして約20分炊く。
2 Aと1の発酵種、40℃以下に冷ました玄米をボウルに合わせる。
3 別のボウルに水とイーストを溶かす。水の分量は15〜20%炊けたときの玄米のかたさにもよるので調整する。2と合わせる。台に出してこね、約15分たったらバターを混ぜてさらにこねる（こね時間約30分）。
4 発酵、分割、丸め、ベンチタイムを行う。軽くつぶしてガスを抜き、めん棒で丸い形にのばす。少しずらして4つ折りに成形し丸める（a）。型に油脂類をぬる。2つを1セットにして型に入れる（b）。
5 ホイロをとり、型のぎりぎりまでふくらめばOK。表面に薄めた溶き卵をぬり、オーブンで焼く。焼き上がりはすぐに型から出す。

丸めた形を2セットにして型に入れる。

扇形にしたら、写真のように端を残して折る。

こね足りないとどのような焼き上がりになるの？

しっかりとしたグルテンが必要

食パンはふっくらもちもちと弾力のある焼き上がりが理想です。そのためには、よくこねて強いグルテンを形成し、発生したガスをしっかり保つ必要があります。

食パンのグルテンを確認するときは、こねが足りているかをしっかりみます。レシピ通りの時間こねてもグルテンが未熟なときは、こね時間を追加してグルテンの膜がしっかりできるまでくり返します。

OK! こねが十分

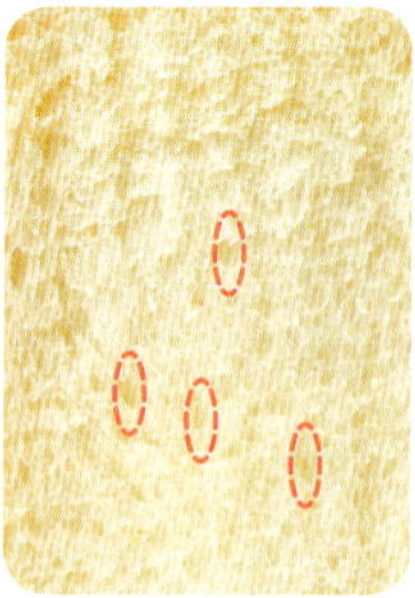

縦に十分にふくらみ、ボリュームがある。焼き上がりに、山の部分が型より飛び出るほどふくらんでいる。断面の気泡はキメ細やかで、生地が上にのびるため気泡も縦長である。

NG! こねが足りない

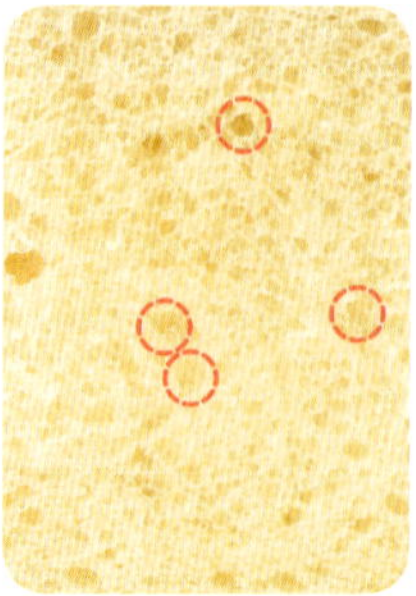

グルテンの膜が未熟なので生地ののびが弱い。断面の気泡は、生地があまり上へのびていないので丸くなりがち。また、成形のときは生地がのびやすい。

解決！

advice グルテンを確認する

バターを入れる前と入れたあとを合わせて、30〜35分こねたらグルテンができているかをチェックする。写真右のようにしなやかにのびる薄さが理想。写真左のように粗く破れやすい場合はこねが足りない。

one more

角型食パンの場合は

角型食パンの場合もこねが足りないとボリュームが出ない。角が型にあたるまで生地がふくらまないため、上部の端が丸く焼き色がつかない状態になる。見た目がおいしそうでなくなるうえに、内側の層も詰まりすぎる。

断面に大きな穴ができてしまう

ガス抜きをしっかりと

食パンはパンチと成形のときにガス抜きをします。とくに成形時、生地中にガスが残っていると、焼き上がりの断面に穴として残ります。ほかのパンでもガス抜きはしますが、食パンはほかに比べて生地がふくらむため、その分気泡も大きく、目立ちます。成形後、型に入れたとき生地は型の1/3くらいの高さまできますが、初心者は成形がゆるいためサイズが大きく1/2くらいの高さになりがちです。

advice1 中心から外へガス抜きを

生地のガスを抜くときは中心から外に向かってガス抜きする。いろいろな場所から押すと、ガスの逃げ道が分散し、気泡が残りやすい。指先ではなく手のひらで押すのがポイント。

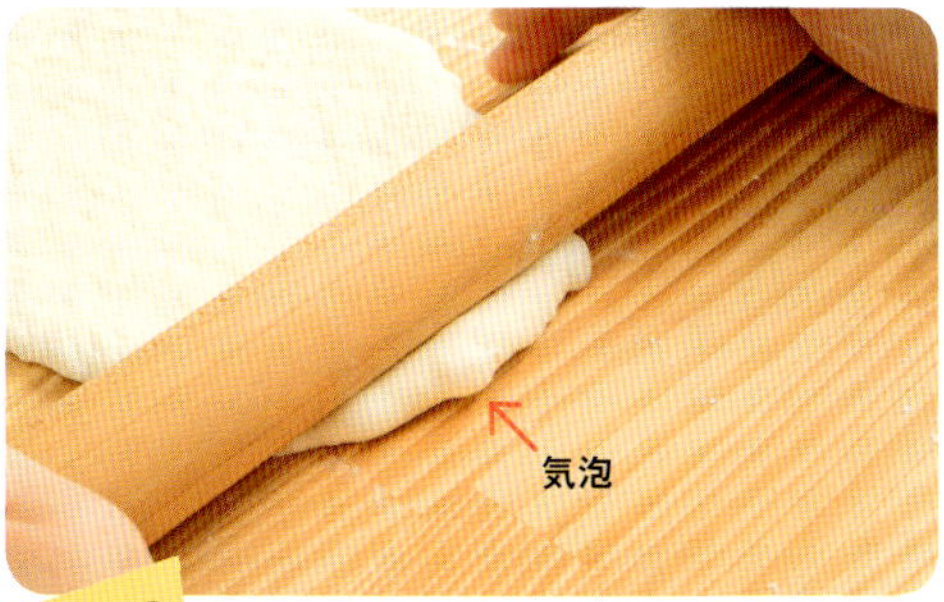

advice2 端までしっかりガスを抜く

成形のはじめにめん棒をかけて十分にガス抜きし、生地に気泡が残らないようにする。考え方として、成形はガス抜きがメインで、ついでに折って形をつくるようなイメージ。

OK! 気泡がそろう

断面はきめ細やかで、気泡もほぼそろっている。クラム（内側）は縦長にのびている。

解決！

NG! 気泡が大きい

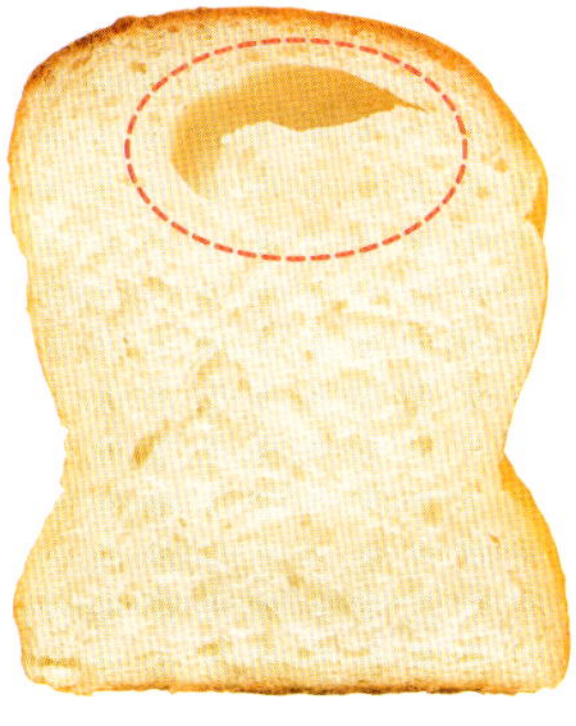

大きな気泡が目立つ。ところどころにも大きめの穴が散らばっている。

左右の山の大きさが違ってしまいます

成形時に調整が必要

焼き上がりにきれいな山の形がでないのは、２つの生地が同様にふくらんでいないということ。成形でめん棒をかけてガス抜きするときや、巻くときに、同じ力で行うようにしましょう。成形に時間がかかると、すでに２つの生地の発酵状態が違い、片方だけが大きくなってしまうことも。

OK! 山がそろっている

左右の山の高さがほぼそろっており、分かれめの中心線もほぼ中央にある。理想の形。

advice1 同時進行で成形する

成形中も生地は発酵し続けており、状態は常に変わっていく。左右の山の状態が一緒になるように、片方めん棒をかけたら、もう片方もめん棒をかけてから次の工程へというように同時進行で行う。

advice2 巻きの強さを一緒に

山のふくらみは成形時の強さに影響される。左右の山はできるだけ同じ力で成形を行うとよい。なお、右の写真はガス抜きが不十分で巻きが弱い、左の写真は成形に力が入りすぎてさけ、小さくなった。

advice3 入れる方向をそろえる

型に巻いた生地を入れるときは、写真のように巻き終わりがそれぞれ内側にくるように入れる。閉じめが側面などに転がらずきれいな表面で焼き上がる。

ホイロはどのくらいがちょうどよいの？

型と生地を見くらべる

食パンは型に入れてホイロをとるので、型を基準にすると判断しやすいです。ホイロ終了のタイミングは、生地のトップが型とほぼ同じ高さになったころです。また、角食パンの場合、ふたを閉めて焼くため山型よりホイロ時間は短くします。ホイロが足りないと角が丸くなり、とり過ぎると角ばります。とくにホイロ過多の場合、焼いている途中にふたが飛ぶこともあるので注意を。

NG! ホイロ不足　OK! ちょうどよい　NG! ホイロ過多

NG! ホイロ不足

縦へののびが少ないので、山の高さが低い。断面は全体に詰まり、かたくねちねちとした食感。

生地のトップが型の高さより低い。

OK! ちょうどよい

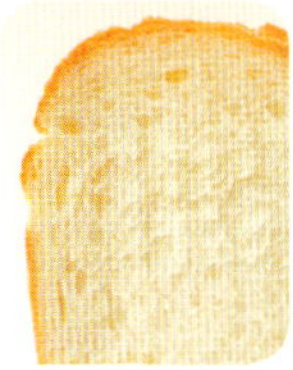

縦へののびが十分あり、断面はキメが細やかで、クラム（内側）は縦長になっている。食感はしっとりとしている。

生地のトップが型の高さとほぼ同じくらい。

NG! ホイロ過多

ホイロを多くとっているので山の上部がきのこのように大きくふくらんでいる。粗く、ぱさついた食感になる。

生地が型の高さより大きくなり、型から飛び出している。

第2章
セミハード系① 食パン

食パンの焼き色はどのくらいがベストなの？

全体にきれいなきつね色が理想的

理想の焼き上がりは全体がきつね色です。焼き足りない場合、色が薄いばかりか生地の側面が腰折れする「ケーブイン」という失敗が起こり、見た目が悪くなります。

焼き立ての食パンは水分を外へ蒸発させるため、ただでさえ変形しやすい状態です。焼き足りないと、クラストが未熟なため自身の重量に耐えきれず、腰折れが起こってしまうのです。

OK! ベストな焼き色

パンの上部も側面もきれいなきつね色になっている。冷めたときに側面がしっかりする。

NG! 焼成が足りない

全体的に色が薄く、とくに側面がまだ白っぽい。さわると表面がまだやわらかい。腰折れ（ケーブイン）している。

解決！

NG! 焼き過ぎ

上部の色が濃くなり過ぎる。表面がかたく、とくに上部がパリパリに割れる。食感はかたくなり、ぱさつく。

advice 時間と焼き色で判断

側面がしっかり焼けていないと腰折れ（ケーブイン）が起こりやすい。上部だけが早く色づき、中が焼けていないときは、途中でオーブンシートをかぶせ、これ以上焼き色がつかないようにする。

one more

焼成後は型からすぐ外す

焼き上がったパンは手早くとり出し、クーラーの上で約1時間以上冷ます。型に入れたままにしておくと、生地と型との間に水蒸気がたまってパンがふやけたり、腰折れ（ケーブイン）の原因になる。

食パン型の一斤の容量はどれくらい？

サイズが決まっていない

食パンのレシピや市販されている食パン型はよく「一斤型」というサイズが多いですが、実はこの型の容量は本やメーカーによって異なっており、決まりはありません。

本書で使用している一斤型は容積1400mℓのものです。自分の持っている型の容量を知って、型に合った生地量でつくるのがおすすめです。下記で容積のはかり方と生地の重量の計算方法を紹介します。

本書の1斤型の場合

1. 水で容量をはかる

水は1g＝1mlなので重さがそのまま容量になる。本書の型を右で紹介した方法ではかると、容量は1400mlだった。

▼

2. 生地量を計算する

→1400mℓ×1/3＝約450g＝「225g×2個」

食パンはおよそ3倍にふくらむので、1斤型に入れる生地量は型の容積の1/3となる。また、食パンは生地2つで1セットなので分割するときはこの半分量にする。

▼

●容積が1500mℓだった場合
1500mℓ×1/3＝約500g
＝「250g×2個」

型の容量のはかり方

1 **袋をかける**
ビニール袋の口を開けた状態で型に入れ、できるだけ型の壁側に密着させる。

▼

2 **水を入れる**
型の中に水をこぼれそうなほどぎりぎりまでの量を入れる。

▼

3 **はかる**
型に入れた水をはかりで計量する。

one more

上記の計算方法はあくまでも食パンの場合。パンは種類によってどれだけふくらむかが違うため、食パンの生地量は型の1/3だがブリオッシュの場合は型の1/4と、パンによって型にどれだけの生地を入れるかで変わってくる。

セミハード系②

ベーグル

そのまま食べても食材をはさんでもおいしいベーグル。魅力である独特なもちもちとした食感は、ほかのパンではあまりみられない“ゆでる”工程によってでき上がります。

所要時間　2時間

★発酵のとり過ぎと、ゆで過ぎに注意するのがポイント

ベーグルの失敗と疑問
▶94ページ

材料（10個分）　※【 】はベーカーズパーセントを示している

- フランスパン専用粉（フランス）……450g【90%】
- ライ麦粉（メールダンケル）……50g【10%】
- 砂糖……25g【5%】
- 塩……10g【2%】
- ショートニング……10g【2%】
- 生イースト……10g【2%】
  （インスタントドライイーストの場合は4g）
- 水（適温）……280g【56%】

下準備は18ページを参考にする

パンDATA

こね上げ温度	26～28℃
発酵	28～30℃（30分）
分割	80g×10個
ベンチタイム	なし
ホイロ	35℃（30～40分）
焼成	220℃（15分）

つくり方

材料を混ぜる

1 大きめのボウルにフランスパン専用粉、ライ麦粉、砂糖、塩、ショートニングを入れる。別のボウルに温度を調節した水と生イーストを入れて泡立て器で混ぜ、生イーストを溶かす。粉類を入れたボウルに注ぐ。

2 全体を混ぜる。徐々に粉気と水気がなくなってくるので、全体がひとまとまりになるまで混ぜる。ベーグルは生地がかたいので押し混ぜるとよい。

こねる（15分）

3 生地がひとまとまりになったら台に移す。このとき、材料の分量が変わらないよう、手やボウルについた生地をカードでできるだけきれいに取るようにする。生地を両手でつかんで、台にこすりつけるように上下に動かして練る。

4 ときどき手についた生地をカードで取って混ぜながら、写真のように全体が均等になめらかになるまで3～4分続ける。生地をカードでかき集め、手についた生地も落としてまとめる。

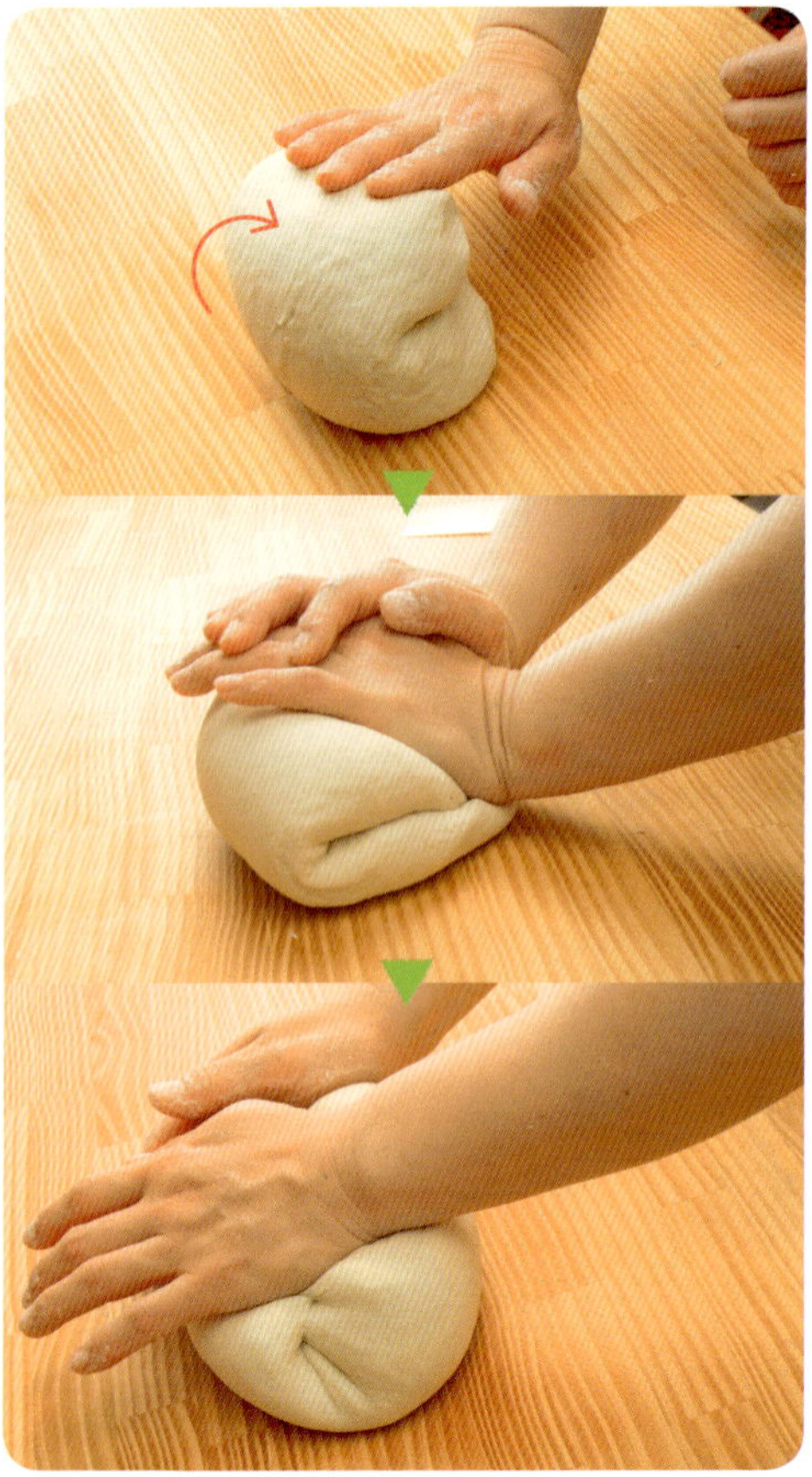

5 生地がかたいので押してこねる。奥から手前に2つ折りにし、手のひらで奥へ転がすようにし、合わせめが上にくるまで押す。90度向きを変え、同様に押して約15分こねる。

6 生地の一部をカードで切って四方に広げ、グルテンの膜ができているかを確認する。写真のようにやや厚めにのばしたときに均一に膜が張っていたら次の工程に移る。こね過ぎないようにする。

発酵（28～30℃で30分）

7 生地を丸くまとめて、張った面（表面）を上にし、油脂をぬったボウルに入れる。温度計でこね上げ温度をはかる。温度は26～28℃がよい。乾燥しない場所で28～30℃で約30分発酵させる。

分割（80g×10個）

8 フィンガーテスト（163ページ参照）を行って発酵が終わっているか確認をしたら、生地の表面が下にくるように置く。生地にカードでうずまき状に切り込みを入れて棒状にする。はかりで1個80g、計10個に分割する。

成形

9 ベンチタイムはとらずに成形に入る。手のひらで生地をつぶしてガスをしっかり抜き、めん棒で写真のように縦横10㎝くらいにのばす。

10 生地の上部1/3を手前に折る。手のひらで生地をしっかり押し、生地を180度回転し、折った側を手前に持ってくる。生地の上部1/3を手前に折る。さらに手のひらで生地を押さえる。

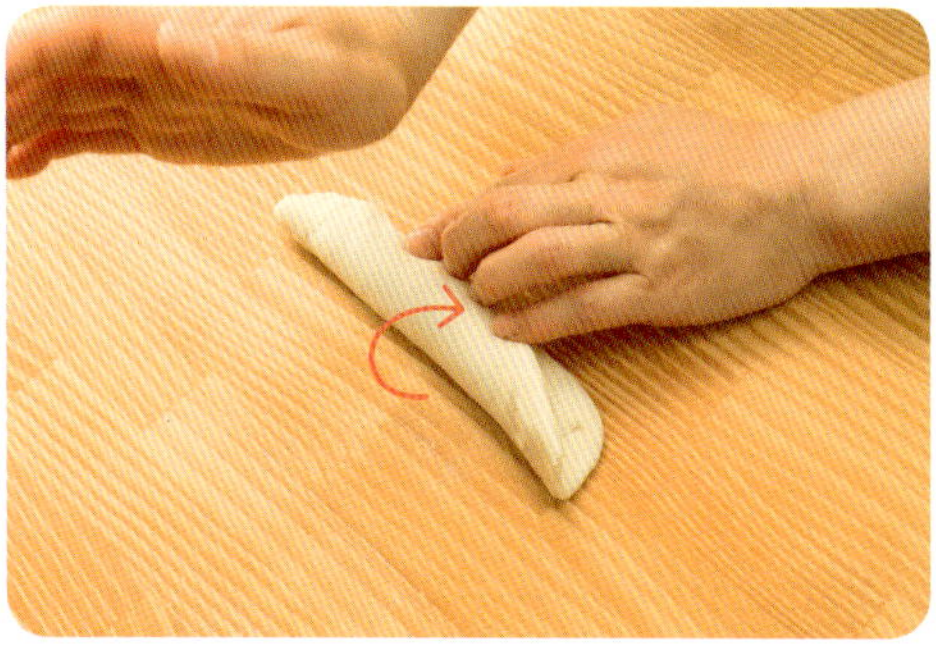

11 生地をさらに奥から手前に2つ折りにする。手のつけ根を使って生地の端を軽く押さえつけ、合わせめを閉じる。

12 生地を手のひらで転がして棒状にする。まず、片手で中心を転がし、次に両手で外側を転がすという動きをくり返して約25cm長さの棒状に成形する。

▶詳しくは94ページへ

15 棒状の閉じめを上にして置き、めん棒を使って棒の端2～3cmをスプーンのように広げる。広げた端とは逆の端を少し細めにのばす。

14 棒状の生地を円状にし、広げた生地の上に細くした端をのせる。広げた生地で生地の端の部分を包み、指でつまんで閉じる。重なりは3cmほどあるとよい。

ホイロ（35℃で30～40分）

15 布を敷いた天板の上に閉じめを下にして並べる。35℃で30～40分ホイロをとり、生地をふくらませる。ゆでる15分前にはオーブンの予熱を始めておく。

ゆでる（1分）

16 ホイロを終える時間に合わせて、鍋いっぱいに湯をわかす。強火でボコボコわかすのではなく、鍋底に気泡が広がる程度にわいたら生地を入れる。

▶詳しくは96ページへ

17 穴あきのお玉で生地を押さえながらパン全体が湯につかるようにし、約30秒ゆでたらひっくり返す。さらに約30秒湯に沈めながらゆで、表面にシワが寄ってきたら取り出し、オーブンシートを敷いた天板に並べる。

焼成（220℃で15分）

18 すぐに予熱したオーブンに入れ、220℃で約15分焼く。途中、均等な焼き色がつくように位置を入れかえる。86ページの写真のような焼き色になったら取り出し、クーラーの上で冷ます。

▶詳しくは98ページへ

ベーグルのArrange　所要時間 2時間

レーズン入りベーグル

材料(11個分)

レーズン……………………… 150g

●生地

つくる分量はベーグル(87ページ)と同じ

パンDATA

こね上げ温度	26～28℃
発酵	28～30℃(30分)
分割	80g×11個
ベンチタイム	なし
ホイロ	35℃(30～40分)
焼成	220℃(15分)

つくり方

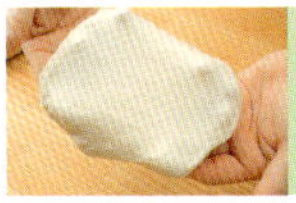

ベーグルの工程6まで行う

レーズンを混ぜる

1 生地を平たくして四角くのばし、レーズンをまんべんなく広げてのせる。レーズンを包み込むように手前から奥へ巻く。縦長において再度手前から奥へ巻く。

2 生地をベーグルの工程5のように押しこねてレーズンを混ぜ込む。ある程度レーズンが混ざったら生地を四方へ広げてレーズンが混ざっているか確かめる。写真上のように均一になるまで混ぜる。あとはベーグル工程7からと同様に行う。

セミハード系②

ベーグルグループのパンたち

つくり方

❶ ボウルにAを合わせる。別のボウルに水、イースト、モルトを合わせてから加え、さらに卵を加えて混ぜてひとまとまりにする。

❷ 台に出して約15分こねる（こね時間約15分）。

❸ 発酵をとり、パンチをしてさらに発酵をとる。

❹ タイガー生地をつくる。ボウルにBの材料を合わせ、別のボウルに水、モルト、イーストを合わせて加え、溶かしたラードをさらに加えて混ぜる（a）。30〜40分発酵をとる。

❺ 分割、丸め、ベンチタイムをとる。

❻ 台に出し、生地を押して平らにし、1cm各に切ったチーズをサラミを1：1の割合でのせる（b）。奥から手前に巻き、閉じめを指でつまむ。

❼ 閉じめを下にして置き、ホイロをとる。❹の発酵したタイガー生地を混ぜ、パン生地がぎりぎり見えない程度の量をはけでぬる（c）。霧吹きをたっぷりしてからオーブンで焼く。

1 タイガーロール

ひび割れた表面がその名の通りタイガーのよう。チーズとサラミが入った軽食にもぴったりなパン。

材料（8個分）　所要時間：3時間30分

A
- フランスパン専用粉（フランス）……250g【100%】
- 砂糖……5g【2%】
- 塩……5g【2%】
- 脱脂粉乳……8g【3%】
- ショートニング……8g【3%】

モルトシロップ……1g【0.3%】
生イースト……8g【3%】
（インスタントドライイーストの場合は3g）
水……150g【60%】
卵……13g【5%】

●タイガー生地

B
- 上新粉……50g
- 薄力粉……4g
- 砂糖……2g
- 塩……1g

モルトシロップ……1g
生イースト……6g
（インスタントドライイーストの場合は3g）
水……70g
ラード（溶かす）……7g
チーズ、サラミ……各適量

パンDATA

こね上げ温度	26〜28℃
発酵	28〜30℃ （40分＋パンチ後30分）
分割	50g×8個
ベンチタイム	15分
ホイロ	35℃（50分）
焼成	220℃（15〜20分）

写真のように、下にたれないくらいの量のタイガー生地をぬる。

チーズをサラミをのせたら、しっかりと巻く。同時進行に行うとよい。

タイガー生地は水を少し残しておき、たれるかたさに調節する。

2 イングリッシュマフィン

コーンミール（とうもろこしの粉）をまぶすのが特徴的。トーストしてベーコンや目玉焼きをはさんで食べる。

材料（直径9cm型×6個分）　所要時間：3時間30分

A
- 強力粉（カメリヤ）……250g【100%】
- 砂糖……5g【2%】
- 塩……5g【2%】
- 脱脂粉乳……5g【2%】

生イースト……8g【3%】
（インスタントドライイーストの場合は3g）
水……188g【75%】
バター……5g【2%】
コーンミール（コーングリッツ）…適量

パンDATA

こね上げ温度	25～27℃
発酵	28～30℃ （40分＋パンチ後40分）
分割	70g×6個
ベンチタイム	なし
ホイロ	35℃（50分）
焼成	200℃（18～20分）

つくり方

1. ボウルにAを合わせる。別のボウルに水、イースト合わせてから加え、混ぜてひとまとまりにする。
2. 台に出してこね、約15分たったらバターを混ぜてさらにこねる（こね時間約30分）。
3. 発酵をとり、パンチをして、さらに発酵をとる。
4. 型に油脂類をぬる。分割して丸め、軽く平らにつぶす。コーンミールをまぶし、オーブンシートを敷いた天板にマフィン型（直径9×高さ3cmのもの）を置き、中心に生地をおく。
5. ホイロをとる（a）。型の上にも天板をのせた状態でオーブンで焼く（b）。

生地が型以上に大きくならないように天板を重ねて焼く。

写真のようにふくらむまでホイロをとる。

3 フォカッチャ

オリーブ油を使った、平たく穴のあいた形が特徴のイタリアのパン。ピザの原形。

材料（約5枚分）　所要時間：2時間

A
- フランスパン専用粉（フランス）……500g【100%】
- 砂糖……10g【2%】
- 塩……10g【2%】

生イースト……15g【3%】
（インスタントドライイーストの場合は7g）
水……300g【60%】
オリーブ油……25g【5%】
オリーブ油（仕上げ）……適量

パンDATA

こね上げ温度	26～28℃
発酵	28～30℃（50分）
分割	150g×5個
ベンチタイム	15分
ホイロ	35℃（20～30分）
焼成	230℃（12分）

つくり方

1. ボウルにAを合わせる。別のボウルに水、イースト、オリーブ油を合わせてから加え、混ぜてひとまとまりにする。
2. 台に出してこね、表面が張ればよい（こね時間約15分）。
3. 分割、丸め、ベンチタイムをとる。
4. 生地を手のひらでつぶし、めん棒で楕円形または円にのばす。天板にのせ、縁をつぶすようにして（a）、表面にオリーブ油をハケでぬる。
5. ホイロをとり、指で生地全体に穴をあけて（b）、オーブンで焼く。

人さし指と中指に打ち粉をつけて等間隔に穴をあける。

天板にのせたら、生地の周囲を指で押す。

きれいな棒状にのばすことができません

中心から外側へのばすのがコツ

ベーグルの成形で最も難しいのが、約25cmの棒状にすることで、太さが凸凹になったり、中心が太くて端が細くなったりします。

棒状にするときは「中心から外側へ」くり返してのばすのがコツです。中途半端な所を触ると、その近くにガスがたまり抜けにくくなります。こうすると、中心のガスが端に出ていき、表面が張ってシワになりません。

OK! 正しい成形

成形がうまくできているのでほぼ同じ太さの棒状になっており、輪にしたときには中心がきれいな円になる。

NG! 形の悪い成形

棒状にした成形が凸凹になっており、輪にしたときに中心がいびつな円になる。

解決！

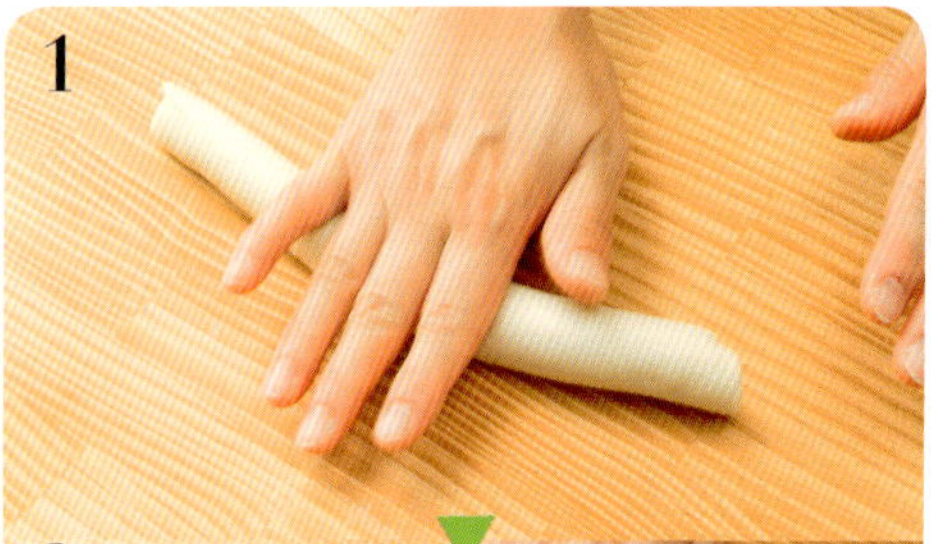

advice 中心から徐々に外へ転がす

成形するときはまず、片手で中心を転がし、次に両手でその両側から外側へ転がす。こうすることで、中心のガスが端に出ていくため、表面が張ってシワが寄らない。

生地がうまく棒状にのばせないときは

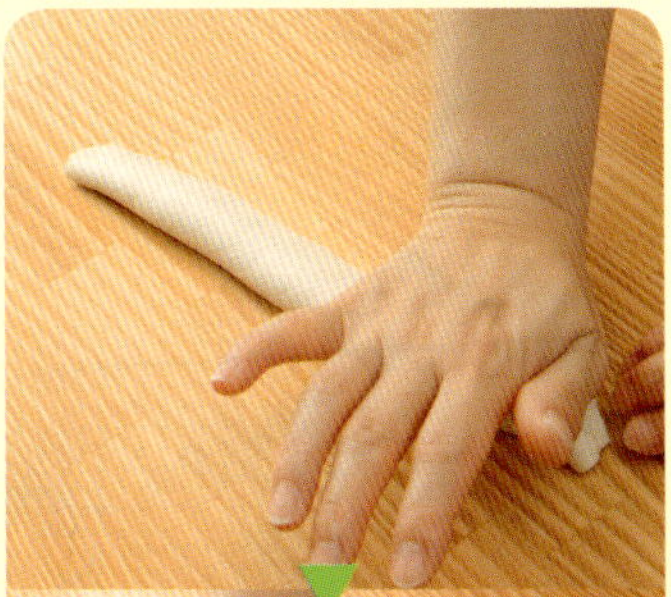

5 生地を1/2に折る
さらに2つ折りにし、合わせめを手のつけ根で押して閉じる。

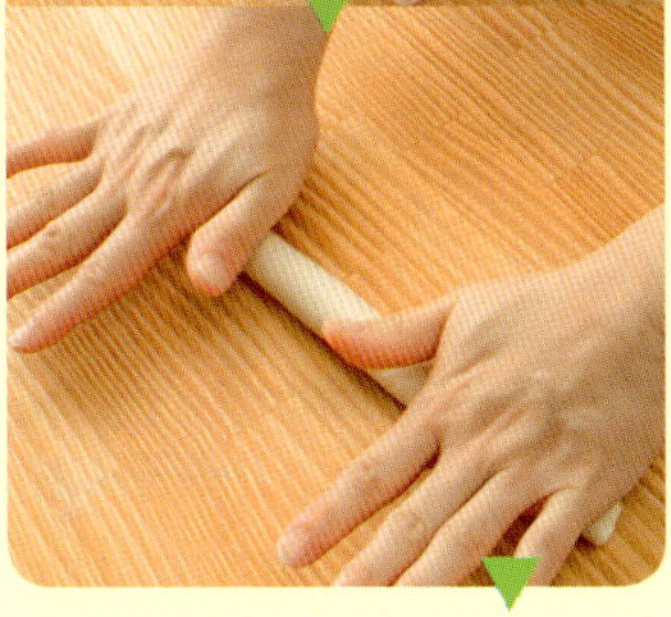

6 転がす
片手で中心を転がし、その両側から外側へ転がして約25cmの棒状にする。

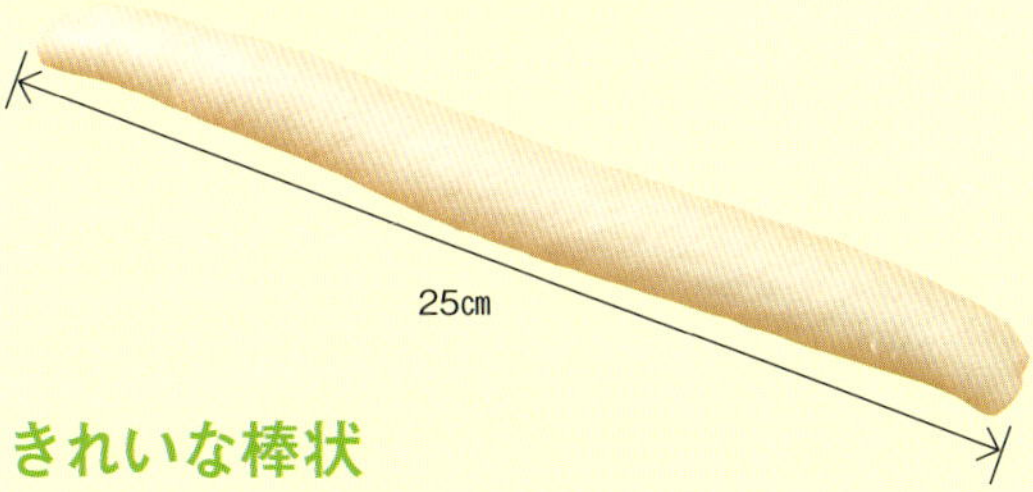

きれいな棒状

全体が均一な太さで、約25cm長さにのばせている状態。ここまで均等にのばすことできれいな円状に成形することができる。

7 端を広げる
左端をめん棒の端を使って広げてスプーンのような形にする

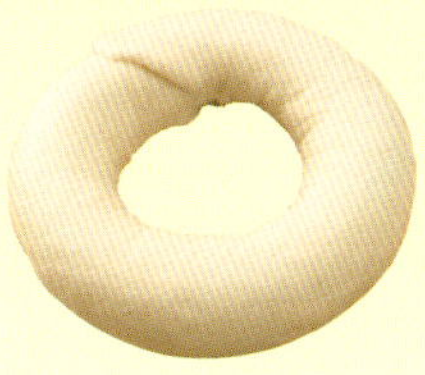

ホイロをとるときには、生地の閉じめを下にすることを忘れずに。

めん棒で少し薄くのばした生地を、3つ折りにして棒状にします。最初にめん棒でのばすことによって、転がしてのばすことが少なくてすみます。

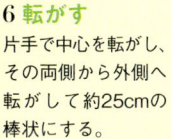

1 生地を軽くつぶす
分割した生地を手のひらで軽くつぶしてガス抜きする。

Point

2 めん棒でのばす
めん棒で中心から奥へ、中心から手前をくり返して生地を15cmくらいの楕円形にのばす。

3 向きを変えて横に置く
のばした生地を棒成形する。楕円形にした生地を横長になるように置く。

4 上部を手前に折る
上部1/3を折り、合わせめを押す。上下を引っくり返して上部1/3を折り、合わせめを押す。

ベーグルの失敗と疑問②

ゆでるときの火加減はどのくらい？

ふつふつとした湯でゆでる

ベーグルづくりは焼成前に熱湯でゆでるのが特徴です。熱湯といってもぐつぐつと煮立った湯でゆでるのではなく、理想は85～90℃前後です。下の写真のように鍋底全体に小さな気泡が出るくらいの状態です。

また、ゆでたあとは生地が温まって発酵が進むので、5分でも置いておくとしぼみます。ゆで上がったらすぐにオーブンに入れて焼き始めるようにしましょう。

advice　**鍋底に気泡ができる**

一度沸騰させて弱火にし、1分くらいたった状態が85～90℃。沸騰が弱まり、全体がふつふつ湯だっている状態で生地を入れるとよい。

ベーグルの失敗と疑問③

ゆでたときにシワシワになりました

ゆで時間とホイロ時間に原因がある

ベーグルの悩みに多いのが、ゆでたときに表面がシワシワになり、焼き上がりもそのシワが残ることです。ベーグルらしいもっちりとした食感にかけることもよくあります。シワは発酵によって発生したガスが逃げることによってできるため、ホイロをとり過ぎたことが原因です。ほかに、ゆで過ぎたときに湯の熱によって発酵が進み過ぎてシワの原因になります。

one more

ホイロもゆでも失敗すると……

ホイロのとり過ぎとゆで過ぎの両方を失敗すると、どちらかだけを失敗したときよりもシワは大きくなり、つぶれた形に焼き上がる。さらに、成形の形が悪いと凸凹はより目立つようになり、おいしさが半減する。

ベーグルのゆで具合

ゆで上がり

円の内側の生地に縦のシワが入り、表面がやや凸凹している。

OK! 理想の焼き上がり

表面はなだらかで凸凹がない。もちもちの食感で重量感がある。

焼き上がりの断面

断面の形がきれいでボリュームがある。

NG! ホイロ過多

ゆで上がり

ホイロをとり過ぎると発酵が進むので、食感はふんわりとする。ゆで過ぎていなくてもガスが多く発生しているので、シワができやすい。

解決！

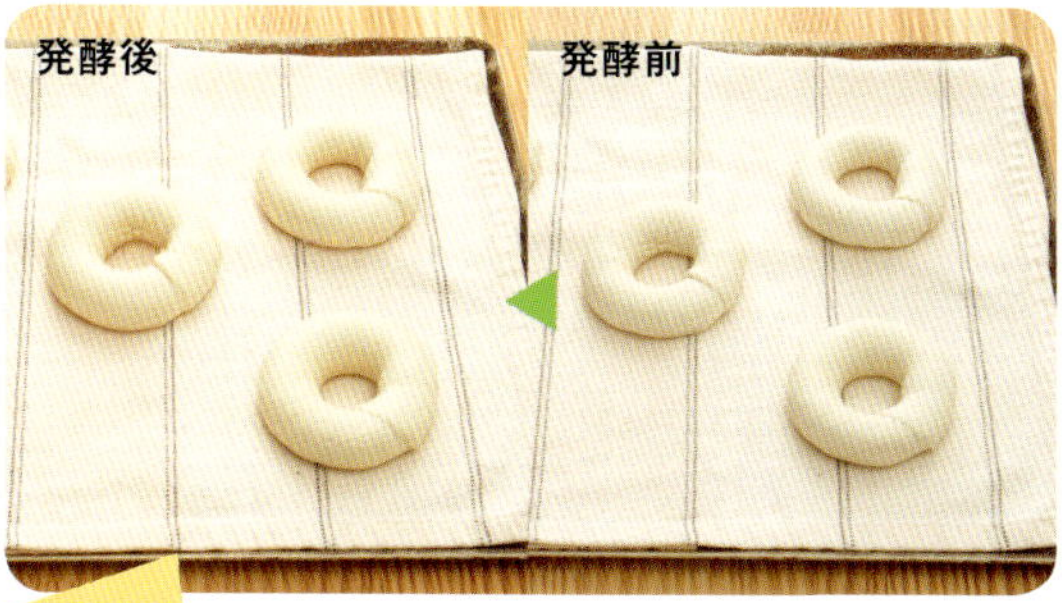

advice ひと回り大きくなる

ベーグルはあまり発酵させない生地なので、ほかのパンのように大きくしない。写真のように少し大きくなる程度でホイロは完了している。

NG! ゆで過ぎ

ゆで上がり

ゆで上がりは表面全体がゴーヤのように凸凹になっている。焼き上がりもシワが消えずなめらかな表面ではない。

解決！

advice とり出すタイミングを知る

ホイロをとり過ぎたと思ったら湯につける時間を少し短くする。表面にややシワが寄ってきたら引き上げる。湯の温度でもゆで時間をかえる必要もある。

ベーグルの失敗と疑問④

そもそも、ベーグルはどうしてゆでるの?

もっちりとした食感を出すため

ベーグルは主材料である小麦粉のデンプンの特性をいかして独特なもっちりと詰まった歯ごたえを出します。

デンプンは水と一緒に熱を加えることで、水を吸って膨張し、かたかったデンプンの分子がほどけて粘りのある糊状になります。これを「糊化《こか》」といいます。最も代表的な糊化は、かたい米を炊くと粘り気のあるごはんになる現象です。

ベーグルはゆでることで水と熱が加えられ、表面が糊化します。この状態ですぐにオーブンで焼くと、今度は水分が蒸発してかたまる「固化《こか》」が起こり、パンは焼成のときにこれ以上ふくらまなくなります。そのため、ふっくらとした焼き上がりにならないかわりに、ほかのパンにはない、中身がぎゅっと詰まったもっちりとした食感になります。

また、ベーグルが冷めてもっちり感がなくなったときは、オーブンで温めてから食べると食感が少しよみがえります。

ベーグルの失敗と疑問⑤

ベーグルの焼き色はどのくらいがベストなの?

OK! ちょうどよい

上部や外側はきつね色で、触るとしっかりしている。断面をみると外側に層ができている。

NG! 焼き足りない

全体に焼き色が薄く、触るとまだやわらかい。断面をみると外側の層が薄い。

NG! 焼き過ぎ

上部や外側の色が濃く、内側まで強い焼き色がついている。断面をみると焼き過ぎのせいで外側の層が厚くなっている。

ベーグルの失敗と疑問⑥

サイドにさけめが入ってしまう

NG! サイドがさける

焼き上がったときに、側面が横にさけて分かれてしまっている。円にしたときのつなぎめにヒビが入ることもある。

解決！

advice

閉じめを下にする

パンは表面が張って引っぱられる。そのため、棒状にしたときの閉じめを側面に出して成形すると、そこからさける。閉じめが下になるように成形すると割れづらい。また、ホイロ時間が短かったために表面がゆるまず、さけてしまうという失敗もある。

ベーグルの失敗と疑問⑦

ベーグルのサンドイッチのおすすめは？

好みの組み合わせで自由に楽しんで

ベーグルサンドの定番は、クリームチーズとの組み合わせです。ブルーベリージャムやスモークサーモンなどと合わせます。ほかにも、レタスやトマト、ベーコンをはさんでBLTサンド風にしたり、えびやアボカドなどをはさむのもおすすめです。ベーグルを切るときには、パン切り専用の包丁を使って、厚みが半分になるようにカットします。

厚みが半分に、切り口が平らになるようにカットすればOK。

ハード系 1

フランスパン

フランスパンは最もシンプルな配合ですが、つくるのが難しいパンです。フランスでは「パン・トラディショネル」といって、伝統的なパンという意味をもちます。

所要時間
前日10分・当日3時間30分

★こまめにグルテンを確認してこね過ぎないようにする

フランスパンの失敗と疑問
▶112ページ

材料（200g×2本、150g×2本、80g×3本） ※【 】はベーカーズパーセントを示している

●発酵種

フランスパン専用粉（リスドオル）……100g【100%】
塩……2g【2%】
インスタントドライイースト……0.6g【0.6%】
水（適温）…65g【65%】

●本ごね

フランスパン専用粉（リスドオル）……500g【100%】
塩……10g【2%】
インスタントドライイースト……3g【0.6%】
モルトシロップ……2g【0.3%】
ビタミンC……小さじ1/4
水……330g【66%】

下準備は18ページを参考にする
発酵種は100gのみを使用

パンDATA

発酵種の発酵	22～25℃（1～3時間） 冷蔵発酵　1～2日
こね上げ温度	26～28℃
発酵	28～30℃（60分）
分割	80g×3個、 150g・200g×各2個
ベンチタイム	20分
ホイロ	32℃（60分）
焼成	230℃（25～30分）

つくり方

前日　発酵種をつくる（22～25℃で1～3時間）

1 ボウルにフランスパン専用粉、塩、インスタントドライイースト、水を入れる。指先を立てながら円を描くようにかき混ぜる。

2 徐々に粉気と水気がなくなってくるので、全体がひとまとまりになるまでしばらく行う。生地が均一のかたさになるまでこねる。

3 こね終えたら指先とボウルのへりについた生地をカードで落とし、生地をまとめる。

4 ラップをし、22～25℃で1～3時間、発酵させる。

5 発酵後は、もとの大きさよりもひとまわり大きくなる。

6 発酵種をパンチする。台に打ち粉をし、生地の表面が下にくるように台に移す。生地の中心から外へ向かって手のひらで押してガスを抜き、生地を平らにする。さらに、4つに折る。

7 ビニール袋に入れ、冷蔵庫で1～2日発酵させる。

本ごね・材料を混ぜる

ここから翌日の作業

8 本ごねを行う。大きめのボウルにフランスパン専用粉、塩、インスタントドライイーストを入れる。前日につくった発酵種を100g計量して加える。

9 別のボウルにモルトシロップを入れ、温度を調節した水を加える。1gのビタミンC粉末を100mlの水で溶かしたもの（ビタミンC溶液）を小さじ1/4ほど加え、モルトシロップを溶かす。

10 ⑧のボウルに⑨を入れ、混ぜ合わせる。ボウル内で指を立てながら円を描くようにかき混ぜる。

こねる(7分)

11 徐々に粉気と水気がなくなり、生地がひとまとまりになったら台に移す。このとき、材料の分量が変わらないよう、手やボウルについた生地をカードでできるだけきれいに取るようにする。

12 生地を両手でつかんで、台にこすりつけるように上下に動かして練る。発酵種のかたまりがしっかり分散し、全体に混ざるようにする。3〜4分ほどこすりつけていると写真のように全体が均一になり、生地がなめらかになる。

13 生地が均一のかたさになったら、カードで手についた生地を落とし、全体をまとめる。

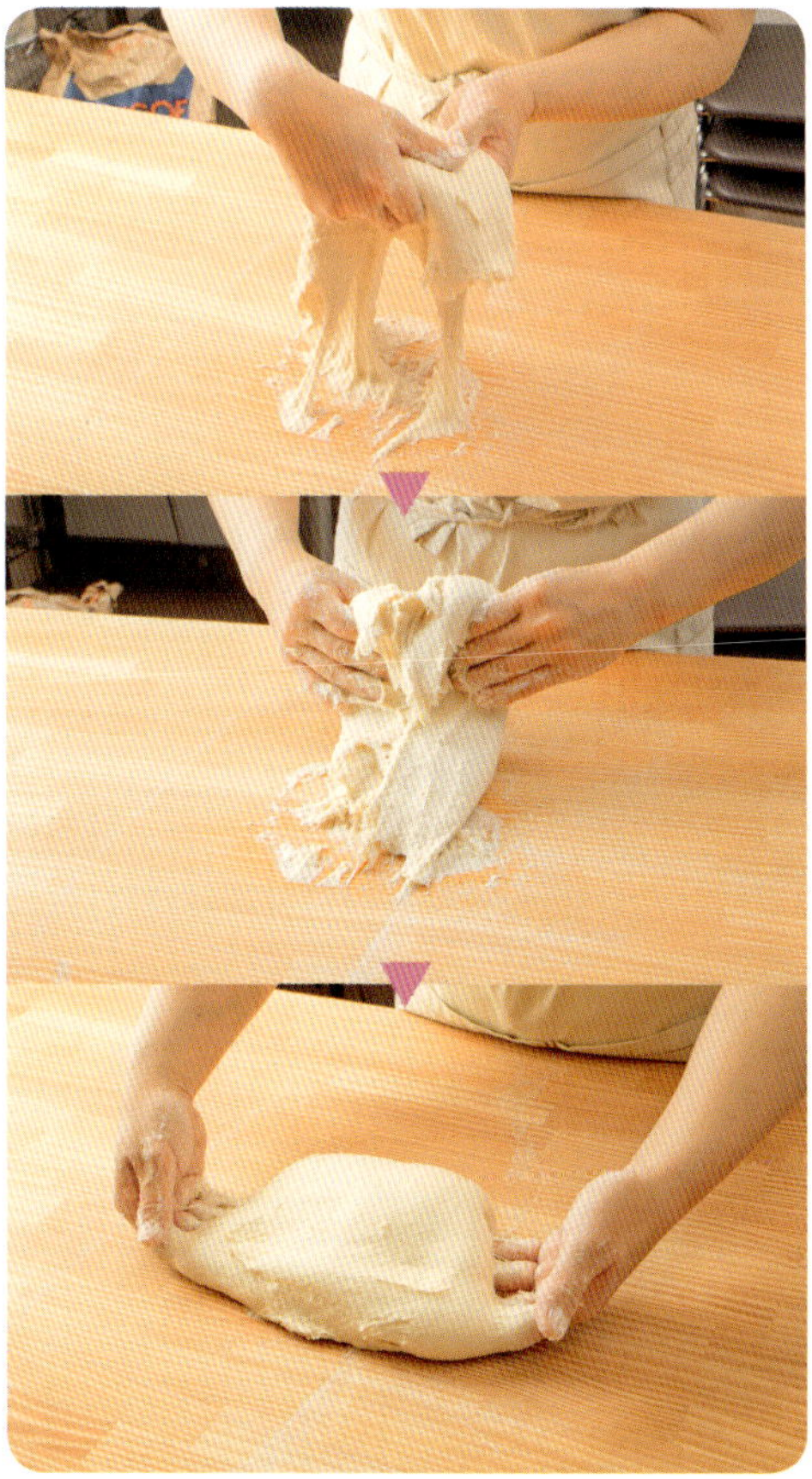

14 ひとまとめにした生地の底に下から手を差し込み、持ち上げる。向きを90度変えながら生地の下端を少し軽めに台にたたきつける。持ち上げている生地をたたきつけた生地にかぶせるように折る。この動作をしばらくくり返す。

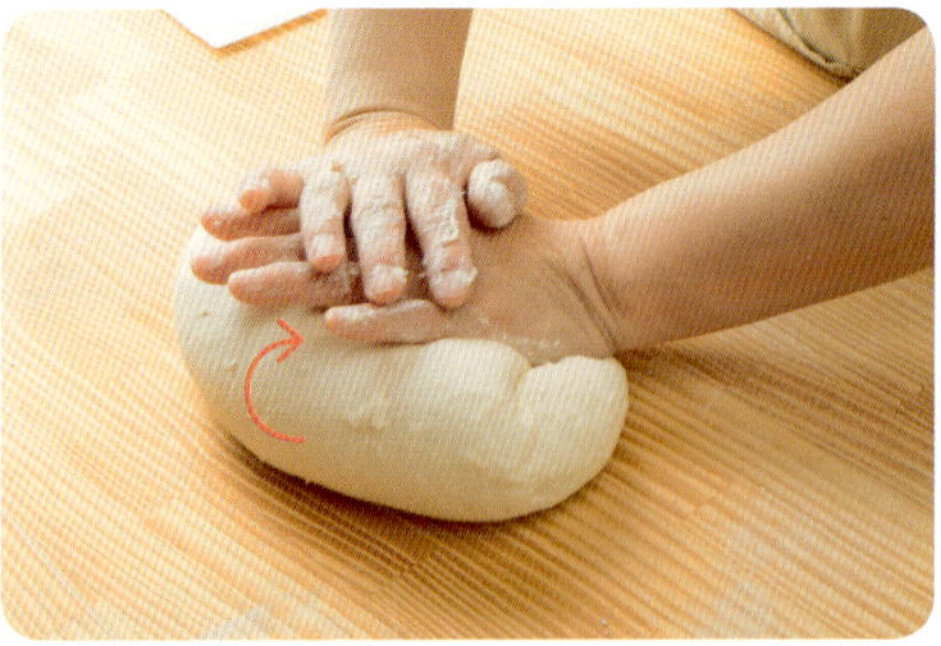

15 生地が少ししまってきたら、押しごねをする。奥から手前に2つ折りにし、手のひらをかぶせる。奥へ転がすように合わせめが上にくるまで押す。合わせめが縦になるように置き、同様に押してこねる。

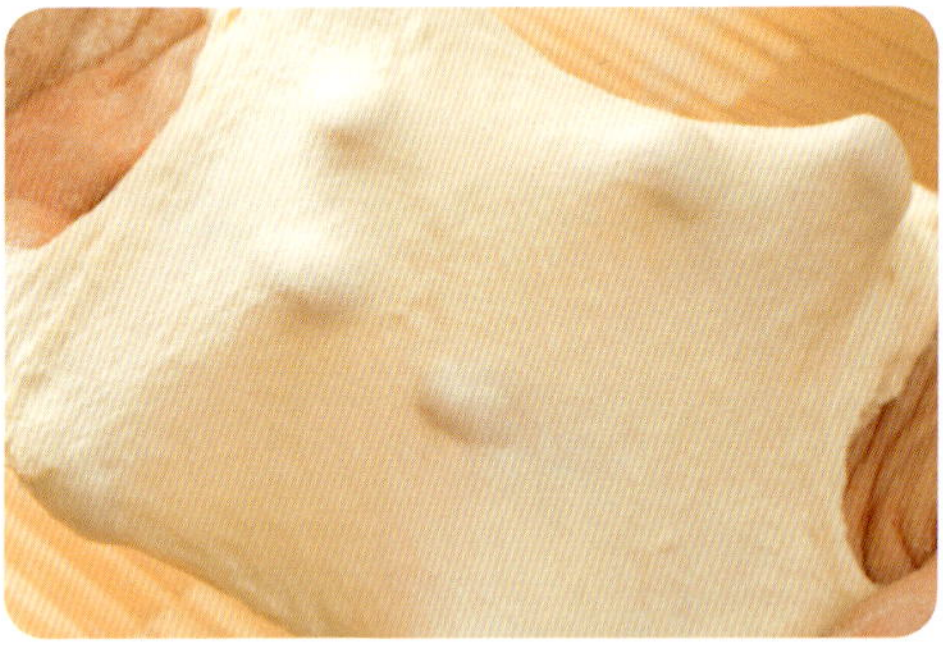

16 ⑫のこすりつけから合わせて約7分こねたら、グルテンの膜ができているかを確認する。生地の一部をカードで切り、四方に広げる。写真のように少し均等な膜が張っていたら次の工程へ。

▶詳しくは116ページへ

発酵（28〜30℃で60分）

17 生地を丸くまとめて、つるんと張った面（表面）を上にし、油脂をぬったボウルに入れる。温度計でこね上げ温度をはかる。温度は26〜28℃がよい。乾燥しない場所で28〜30℃で約60分発酵させる。

分割（200g・150g×2、80g×3）

18 フィンガーテスト（163ページ参照）をして発酵が完了していたら、台に打ち粉をし、生地の表面が下にくるように台に移す。カードで生地を切り、80gを3個、150gと200gがそれぞれ2個ずつになるように生地を分割する。

丸める

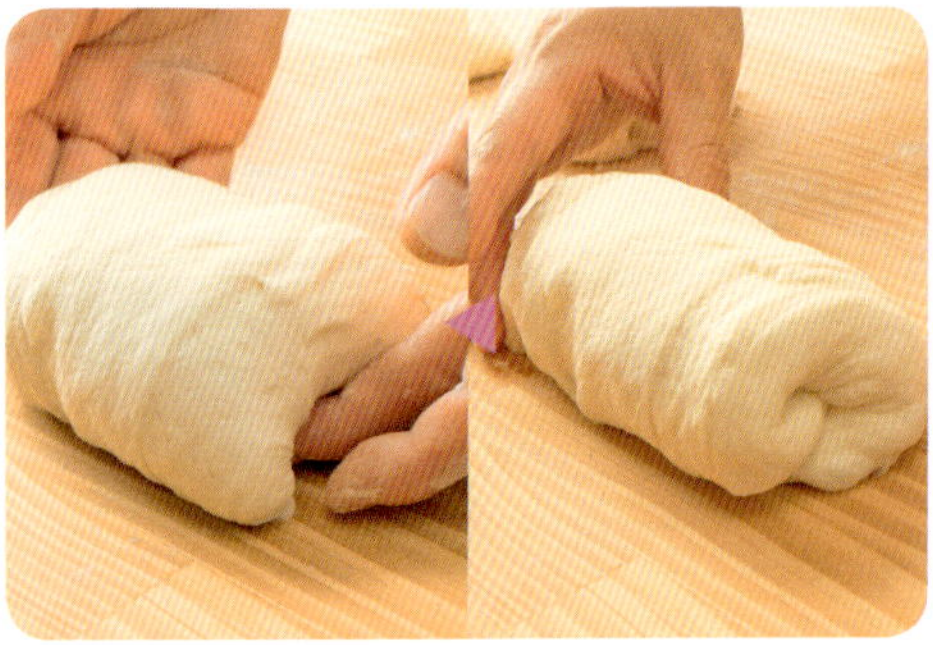

19 150gと200gの生地、それぞれを、表面を下にして置き、ゆるめに巻いて左右を生地の下に押し込む。

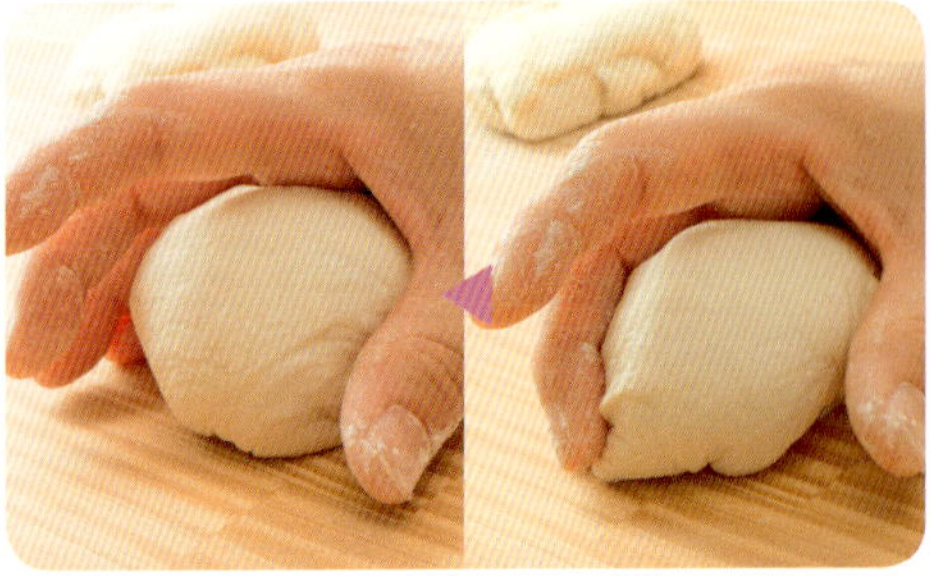

20 80gの生地は丸めた手のひらで生地を包み、通常より軽めに反時計回りに動かしながら、生地を丸める。

ベンチタイム（20分）

21 丸めがすべて終わったら、閉じめが下になるように置いて約20分ベンチタイムをとる。大きなビニールをかけて生地の乾燥を防ぐ。

成形（200g・150gの生地）

22 150gと200gの生地は棒成形を行う。台に打ち粉をし、生地の全体に軽く打ち粉をする。生地の閉じめを上にして置き、少し山型につくった手のひらで少し押さえ、生地のガスを軽く抜く。生地の上部1/3を手前に折る。

23 生地を180度回転し、折った側を手前に持ってくる。上部1/3より少し深めに手前に折って手のひらで軽く押さえて生地をくっつける。

24 生地をさらに奥から手前に2つ折りにする。手のつけ根を使って閉じめをはり合わせ、生地の表面を張らせる。軽く転がして棒状にし、両端は中心より少し細くなるようにさらに転がす。写真のような形になればよい。

成形（80gの生地）

25 天板に布を敷き、その上に生地を閉じめを下にしてのせる。生地と生地の間に布で境目をつくり、生地と布は指1本分の隙間をつくって置く。

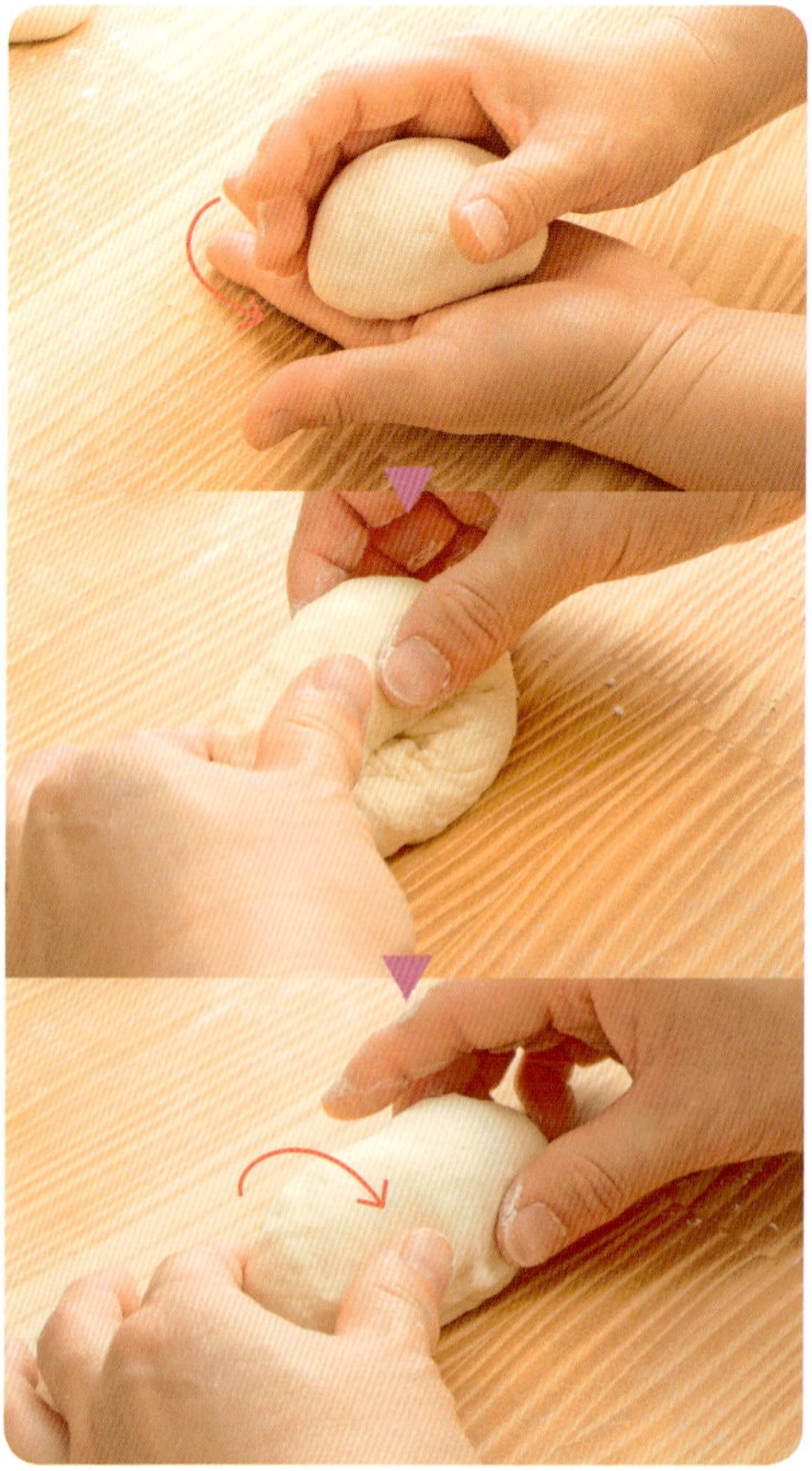

26 80gの生地はコッペ形に成形する。手のひらの上に生地をのせて通常より軽く生地を丸め直す。閉じめを上にして置き、奥から手前へ巻いていく。

27 巻いたときの合わせめに手のつけ根をあて、生地のほうへ軽く押して生地の表面を張らせる。閉じめを上にし、指でつまんでしっかりと閉じてひっくり返す。写真のような形になればよい。

ホイロ（32℃で60分）

28 布の上にのせる。32℃で約60分ホイロをとる。ホイロ後の生地は繊細なので、発酵状態を確かめるために生地をさわるときは気をつける。

焼成（230℃で25～30分）

29 生地はやわらかくつぶれやすいので、150gと200gの生地は木の板を利用して動かす。生地の側に木の板を添え、布を持ち上げて板の上に生地を転がす。オーブンシートへ板を傾けて転がして移動させる。

30 80gの生地も同様に扱いに注意して移動する。手のひらを生地に添え、布を持ち上げて手の上にのせる。そのまま、静かにオーブンシートまで移動し、閉じめが下になるように転がして置く。天板をオーブンに入れて予熱する。

31 生地の表面にクープを入れる。150gと200gの生地にはななめに3本入れ、80gの生地は縦に1本入れる。クープの刃は生地に対してななめに倒してあて、手早く切り込みを入れる。

▶詳しくは117ページへ

32 熱い天板の上にオーブンシートごと生地を移動する。霧吹きでたっぷり水をかけてからオーブンに入れる。オーブンは10分以上開けないこと。

▶詳しくは185ページへ

33 230℃で25～30分焼く。途中、均等な焼き色がつくように位置を入れかえるとよい。写真のような焼き色になったら取り出し、クーラーで冷ます。

フランスパンの Arrange | 所要時間 前日10分・当日3時間30分

ベーコンエピ

材料（6本分）

ベーコン……………………………6枚

●生地

つくる分量はフランスパン（101ページ）と同じ

パンDATA

発酵種の発酵	22～25℃（1～3時間） 冷蔵発酵　1～2日
こね上げ温度	26～28℃
本ごねの発酵	28～30℃（60分）
分割	150g×6個
ベンチタイム	20分
ホイロ	32℃（60分）
焼成	230℃（25分）

つくり方

フランスパンの工程17まで行う

分割・ベンチタイム（20分）

1 発酵を終えたら台に打ち粉をし、生地の表面が下にくるように台に移す。はかりで1個150g、計6個に分割する。軽い力で生地を巻き、左右を生地の下へ押し込む。この状態で約20分ベンチタイムをとる。

成形

2 手のひらを軽く山型にした状態で生地を押し、長方形にする。中心にベーコンをのせ、上1/3を折る。生地を180度回転し、折った側を手前に折る。生地の上部をさらに1/3手前に折る。

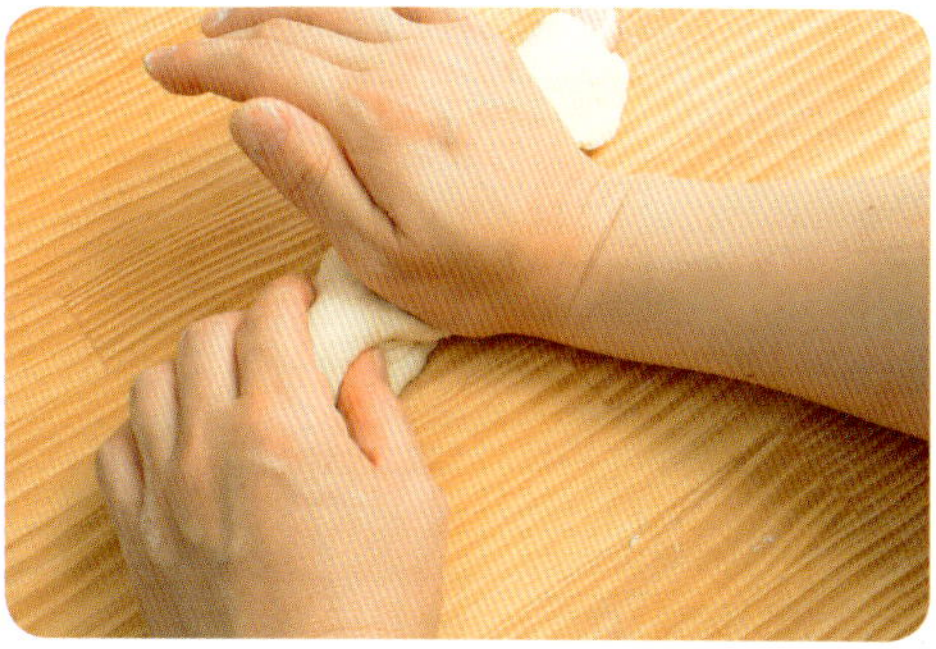

3 さらに2つ折りにして手のつけ根を使って折った生地の端を軽く押さえ、しっかりとくっつける。両手で少し転がして形を整える。

4 天板に布を敷き、その上に生地を閉じ目を下にしてのせる。生地と生地の間に布で境目をつくり、生地と布は指1本分の隙間をつくっておく。

ホイロ（32℃で60分）

5 32℃で約60分ホイロをとる。ホイロ後はひとまわり大きくなる。ホイロを終えたら木の板を使ってオーブンシートに静かに移動させる（P107 ㉘を参照）。天板をオーブンに入れて予熱する。

焼成（230℃で25分）

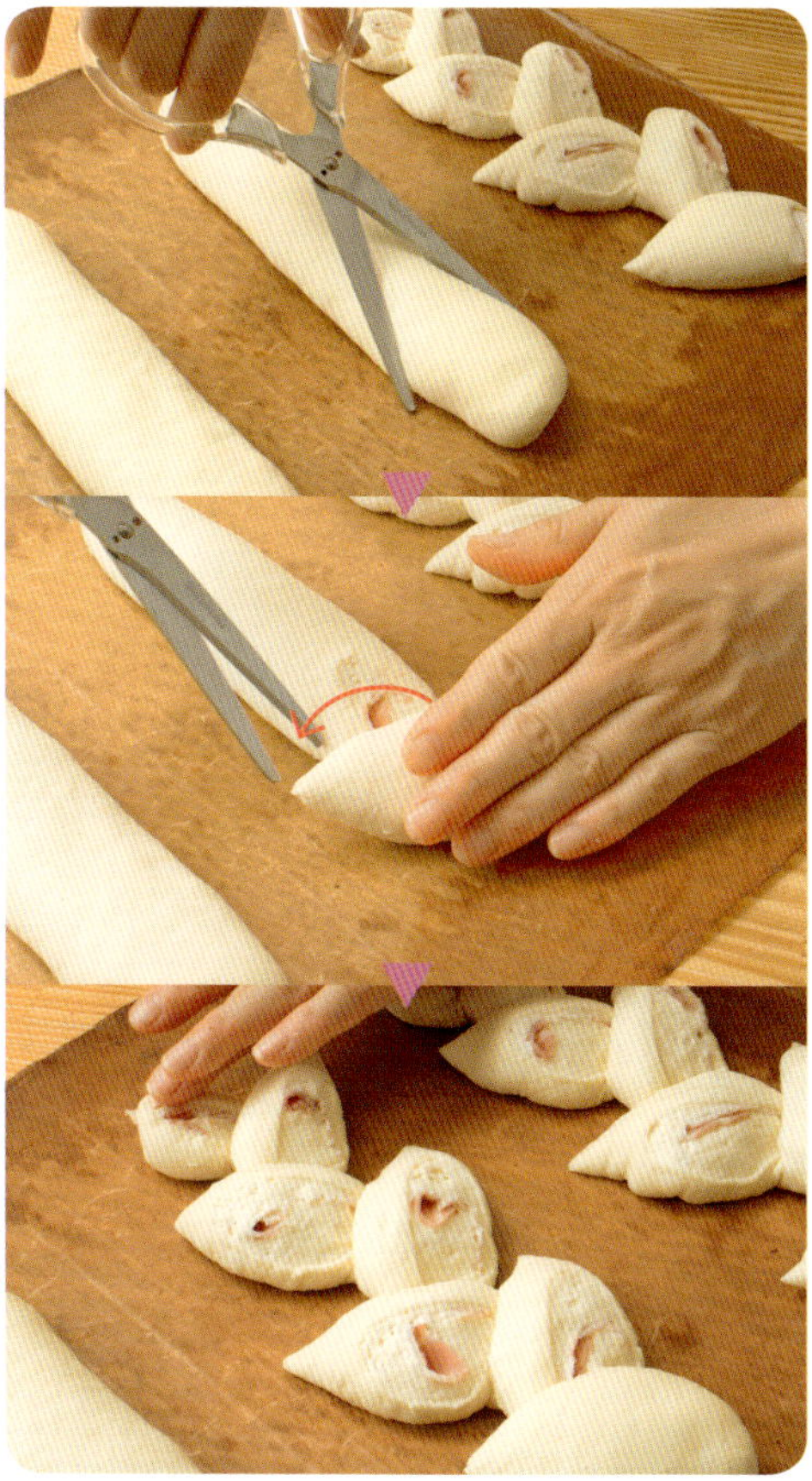

6 はさみで等間隔に6ヶ所切り込みを入れる。生地に対してななめにはさみを入れ、生地を右にずらす。次に同様に切り込み、左にずらして左右交互になるようにする。

7 熱い天板の上にオーブンシートごと生地を移動する。霧吹きでたっぷり水をかけてからオーブンに入れる。230℃で約25分焼く。途中、均等な焼き色がつくように位置を入れかえるとよい。写真のような焼き色になったら取り出す。

ハード系❶

フランスパングループのパンたち

つくり方

❶ 発酵種をつくる。ボウルにフランスパン専用粉を入れる。別のボウルに水とイーストを入れて溶かしてから加え、混ぜる。台に出し、こすりつける。22〜25℃で乾燥しないように発酵をとる。

❷ ボウルにAを合わせ、別のボウルに水とモルトを入れて溶き、❶の発酵種を混ぜる。台に出してこねる（こね時間は約15分）。

❸ 分割、丸め、ベンチタイムを行う。

❹ 成形は軽くつぶして丸め直し、布を敷いた天板に閉じめを上にしてのせ、約15分ホイロをとる。表面にカイザー型を押す（a）。たっぷりの水を湿らせた布巾に表面をつけ、ごまかけしの実をつける（b）。型跡がしっかり残るように生地を少し丸めた状態で、型跡の面を下にしておく。

❺ さらに40分ホイロをとり、型の面を上にしてオーブンシートにのせる（c）。熱したプレートに移し霧吹きをたっぷりしてオーブンで焼く。

1 カイザーゼンメル

丸い形に、5本の星形の切り込みが入り、ごまやけしの実をまぶしたオーストリアのパン。

材料（14個分）　所要時間：前日10分、当日3時間30分

●発酵種
フランスパン専用粉（フランス）…125g【25%】
インスタントドライイースト…2g【0.5%】
水…75g【15%】

●生地
A ┌ フランスパン専用粉（フランス）…375g【75%】
　│ 塩…10g【2%】
　│ ショートニング…15g【3%】
　└ インスタントドライイースト…3g【0.5%】
モルトシロップ…2g【0.3%】
水…250g【50%】
白ごま、白・黒けし…適量

パンDATA

発酵種の発酵	22〜25℃（15〜20時間）
こね上げ温度	26〜28℃
本ごねの発酵	28〜30℃（70分）
分割	60g×14個
ベンチタイム	15分
ホイロ	33℃（15分＋40分）
焼成	230℃（20〜25分）

表面にしっかりとごまをまぶすのがコツ。

ごまやけしの実をつけたあとは、生地を少しだけ丸めると型がつきやすい。

カイザーゼンメル用に、専用の型がある。

つくり方

❶ 発酵種をつくる。ボウルにAの材料を入れて混ぜ合わせる。発酵をとる。

❷ ボウルにBを合わせ、別のボウルに水とモルトを入れて溶かす。ふたつを合わせて❶の発酵種を入れ、混ぜる。

❸ 台に出し、こすりつける（こね時間は約3分）（ a ）。

❹ 発酵をとる。パンチしてさらに約30分発酵させる。成形は軽く平らにして適当な大きさに切る（ b ）。

❺ 布を敷いた天板に、生地の表面を上にして置く。ホイロをとり、パンをオーブンシートに移す。1～2本クープを入れ、熱したプレートに移し霧吹きをたっぷりしてオーブンで焼く。

打ち粉は多めにし、カットするときは適当でよいが、なるべく大きさを同じくらいにする。

生地はこね過ぎないようにする。全体が混ざっていればやわらかくてもよい。

2 パン・ルスティック

ルスティックはあえて成形をせずに、適当にカットして焼くパン。

※2ページにも焼き上がりの写真があります。

材料　所要時間：前日10分、当日3時間

●発酵種（ポーリッシュ種）

A
- フランスパン専用粉（リスドオル）……………100g【20%】
- 塩……………1g【0.2%】
- インスタントドライイースト……………1g【0.2%】
- 水……………100g【20%】

●生地

B
- フランスパン専用粉（リスドオル）……………400g【80%】
- 塩……………9g【1.8%】
- インスタントドライイースト……………3g【0.5%】

モルトシロップ‥1g【0.2%】
水……………260g【52%】

パンDATA

発酵種の発酵	22～25℃（15～20時間）
こね上げ温度	24～26℃
本ごねの発酵	28～30℃（40分+パンチ後30分）
ホイロ	35℃（40分）
焼成	230℃（25～30分）

つくり方

❶ カイザーゼンメル（110ページ参照）の❶と同様に発酵種をつくる。

❷ ボウルにAを合わせ、別のボウルに水とモルトを入れて溶かし、❶を混ぜる。ふたつを合わせる。

❸ 台に出し、こねる（こね時間は約15分）。

❹ 発酵、分割、丸め、ベンチタイムを行う。成形は軽く丸め直し、裏を楕円形になるようにつまむ（ a ）。

❺ 1cm太さのめん棒で、生地の中心にくぼみをつくる（ b ）。裏返して天板に置く。

❻ ホイロをとり、裏返し、霧吹きをたっぷりしてからオーブンで焼く。色づきがよいので注意する。

めん棒で生地の中心を押してくぼみをつくる。

丸めた生地を裏返したら、写真のようにつまむ。

3 ミルヒヴェック

ドイツ生まれの小型のミルク入りパン。くぼみをつけた成形が印象的。

材料（約14個分）　所要時間：前日10分、当日3時間

●発酵種
- フランスパン専用粉（フランス）……………125g【25%】
- インスタントドライイースト…2g【0.5%】
- 水……………75g【15%】

●生地

A
- フランスパン専用粉（フランス）……………375g【75%】
- 塩……………10g【2%】
- 脱脂粉乳……25g【5%】
- ショートニング…5g【1%】
- インスタントドライイースト……………3g【0.6%】

水……………250g【50%】
モルトシロップ……2g【0.3%】

パンDATA

発酵種の発酵	22～25℃（15～20時間）
こね上げ温度	26～28℃
本ごねの発酵	28～30℃（約60分）
分割	60g×14個
ベンチタイム	約15分
ホイロ	33℃（50分）
焼成	220℃（20分）

フランスパンにはどんな種類があるの？

種類の分だけ味わいがある

日本では「フランスパン」とひとくくりで呼んでいますが、フランスでは長さや重さによって名前が異なります。

最も有名なのはバゲットですが、ほかにもさまざまなフランスパンがあります。パン自体の配合がシンプルなため、形やつくり方によって、外側のパリッとしたクラスト、内側のもっちりとしたクラムの食感に差があります。

大きいサイズのフランスパン

※表中のフランスパンの長さは一般的に販売されているパンのサイズです。本書では家庭用につくりやすいサイズで紹介しています。（上記の写真は参考商品）

①ブール

「ボール」という意味があり、その名の通り大きな丸型をしている。もう少し小型のサイズもある。

②フィセル

棒状の中では短いほうだが、クープの数は多め。「ひも」という意味をもつ。

③バタール

フランパンの中でよく知られている種類のひとつで、「中間」や「合いの子」という意味をもつ。

④バゲット

最も細長い種類で、クープの数も多い。バゲットとは「杖」や「棒」といった意味である。

⑤パリジャン

生地量が多いフランスパンで、太い棒状をしている。名前は「パリっ子」という意味。

★大きいサイズのフランスパンの特徴

名前	分割重量	長さ	クープの数
ブール	350g	×	×
フィセル	150g	30～40cm	5本
バタール	350g	40cm	3本
バゲット	350g	68cm	7本
パリジャン	650g	68cm	5本

フランスパンの失敗と疑問②

強力粉でフランスパンをつくるとどうなるの?

100点の完成度は得られない

フランスパンは外皮はカリッとかたく、中はしっとりやわらかく、大きな気泡がたくさんあって粗いのが理想です。そのためにはできるだけグルテンをつくらないよう、たんぱく質量の少ないフランスパン専用の小麦粉を使用します。強力粉でつくる場合、レシピの水を2％増やします。ただし、焼き上がりは少し詰まった感じになります。

強力粉

内側（クラム）

フランスパン専用粉

内側（クラム）

小さいサイズのフランスパン

クーペ

小型のフットボールのような形をしており、中心に1本クープが入っている。

ファンデュ

細いめん棒を中央に押しつけ、生地にふたつの山をつくって成形する。「割れた」という意味をもつ。

タバティエール

めん棒で生地の一部を薄くのばし、折りかぶせる。「たばこ入れ」という意味。

シャンピニオン

「マッシュルーム」という意味。小さい生地をめん棒で薄い円形にして大きな生地にのせてつくる。

★小さいサイズのフランスパンの特徴

種類	分割重量	意味	クープの数
クーペ	60g前後	切られた（もの）	1本
ファンデュ	60g前後	割れた（もの）	×
タバティエール	60g前後	たばこ入れ	×
シャンピニオン	60g前後	マッシュルーム	×

※写真は60gよりも大きめのものです。

フランスパンは生地を丸めないのはどうして？

生地に張りをもたせないため

フランスパンをつくるときのポイントは、必要以上にグルテンを形成しないことです。丸めの工程で食パンなどのように生地を丸めないのは、表面が張り、グルテンが強化されるのを防ぐためです。しっかり丸めると焼き上がりにクープがしっかり割れてきれいにみえるため、でき上がりに満足しがちです。しかし、内層が詰まりフランスパン独特のパリッという食感にはなりにくいのです。

OK! 丸めない

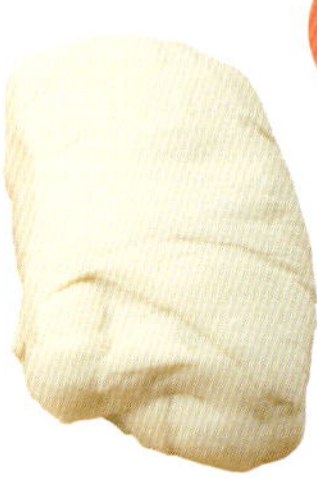

丸めの工程では、生地を軽く折りたたむように巻く程度にとどめる。クープがほどよい割れ方をし、中は気泡の空洞が多い。

NG! 丸める

食パンの生地のように丸めて表面を張らしている。グルテンが強化されるため、焼き上がりにパンがふくらんで、クープはきれいに割れるが内層は詰まっている。

解決！

advice やさしくふんわり巻く

生地を軽い力で巻き、両端を中に軽く押し込んで四角形にする。こうすることでグルテンを強化し過ぎないままガスを逃さない。巻くときは力を入れずにやさしく生地を扱う。

one more

NG!

分割で生地を細切れにしない

分割の工程で生地が細切れになると、この形を巻いても、切って衝撃を与えたことで生地が強くなってしまう。こうなってしまうと修正できないのでできるだけ大きなかたまりで分割すること。

どのくらいまでガスを抜けばいいの？

OK!

ちょうどよい

NG!

ガスの抜き過ぎ

生地にガスを保った状態で成形しているので、断面は大小たくさんの穴があって粗い。

ガスを抜いているので全体がしまっており、クープの開きも小さい。断面もキメが細かい。

解決！

ガスはやさしく抜く

フランスパンは断面に大小多くの気泡の穴があるのが理想です。気泡をより残すためには、グルテンの膜がつかまえているガスをあまり外へ逃さないことです。そのためには、成形するときに食パンやバターロールのようにしっかりガス抜きをせず、ふんわりとガスを抜きます。また、ホイロ後はさらに生地が繊細になるので、手で強く持たないように注意してください。

advice **やさしくふんわり扱う**

成形するときはガスをあまり抜かないように、つぶすときは手を山型にして行う。ほかのパンと同様に手のひらでつぶして成形すると、下の写真のように生地からしっかりガスが抜けて、焼き上がりに中が詰まり、軽い食感に仕上がらない。

生地はどのくらいこねるの？

あまりこねずにグルテン生成を避ける

発酵時間が長いのでグルテンをつくり過ぎると、生地は強くなって弾力が出てきます。表面はかたく焼き上げ、内側（クラム）は詰まっておらず弾力が少ないのが理想。また、配合がシンプルなため、ふくらむと味わいが淡白になり、風味に欠けて味気がなくなります。必要以上にグルテンをつくらないために短時間でこねて、膜の確認を少し早めから行うことでこね過ぎを防げます。

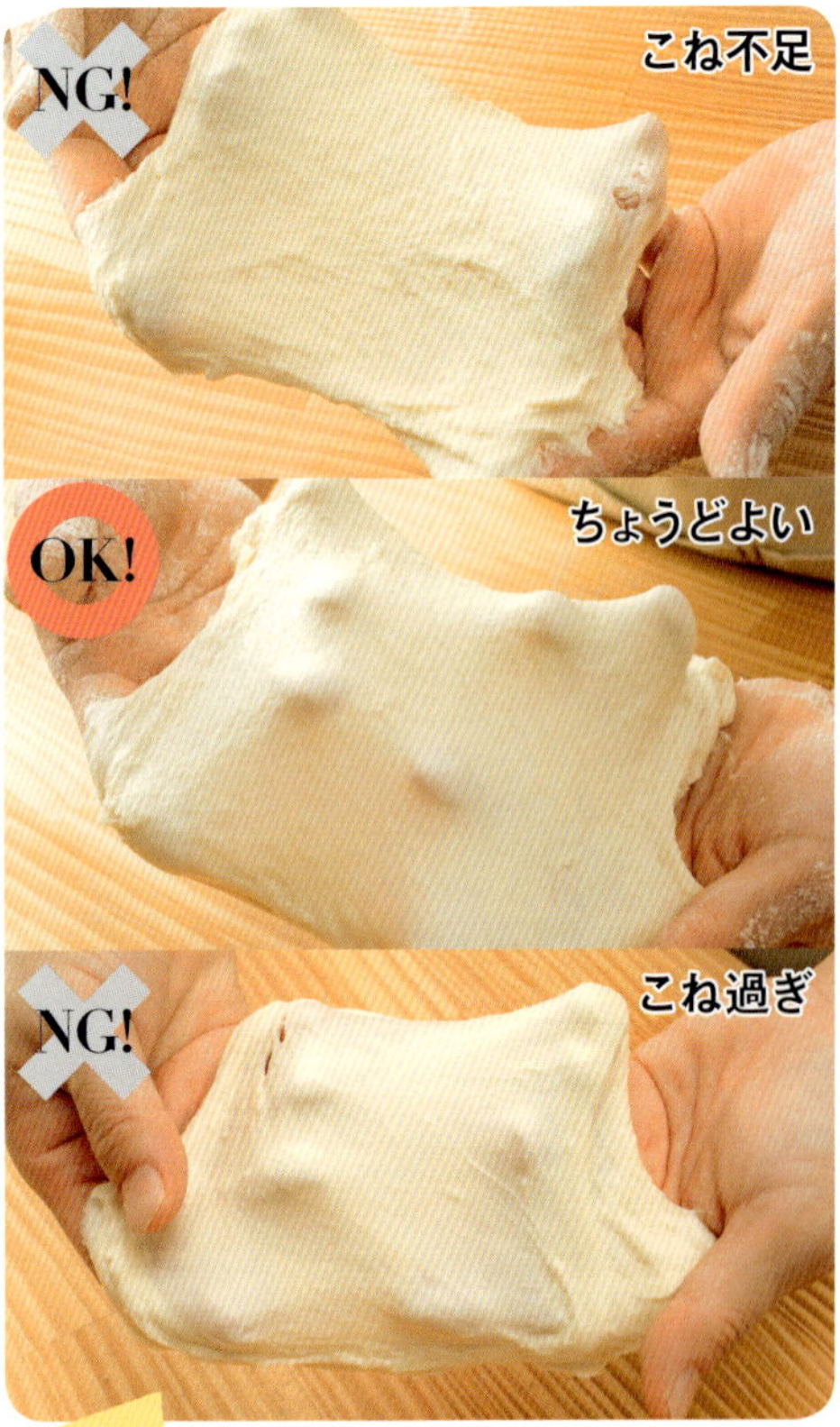

解決！

中は詰まっていて弾力がある。生地がのびるので、クープの割れ方がよりはっきりする。

外側はパリッと軽く、中はしっとりやわらかい。ほどよいボリュームがある。

advice グルテンは早めに確認する

紹介しているフランスパンの配合は、発酵種を使用しているため、まずはよく混ぜることが大切。その作業に、こね時間の半分をかけて。その後は、やさしくたたき、１分ごとにグルテンの膜を確認する。

クープの入れ方がうまくいかない

advice 刃はななめに入れる

包丁やカッターではうまく切れないので、必ずクープ用のカミソリの刃を使う。刃の角度を斜め45度くらいに保ち、手早くクープを入れる。

正しいクープの入れ方

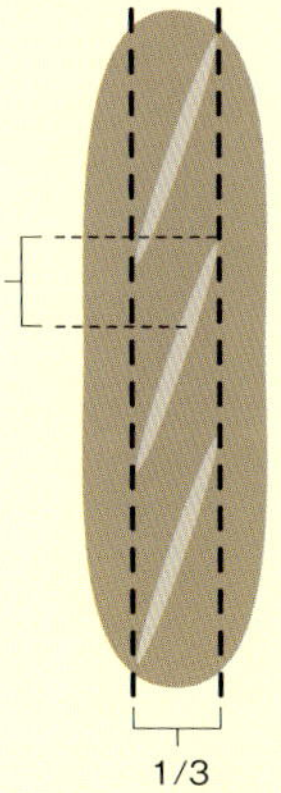

＜入れ方＞

①生地を軽く持ち、上のイラストをみて、クープを入れる位置を確認する。

②クープを斜めに倒して入れる部分にあて、手早く切り込みを入れる。

＜クープを入れるときの注意＞

- 切り込みを入れる場所は、生地中央の1/3の面積内に収める。
- 切り込みの1本目と2本目の重なりは1/3長さになる。
- 刃を入れるときの角度は垂直ではなく、斜め45度くらいに傾けて入れること。
- クープ専用の刃を使い、包丁やカッターなどの代用は不可。

OK! きれいなクープ

クープの開きがきれいに出る

NG! 刃が垂直に入る

クープの開きが小さい

NG! 重なりが小さい

クープの開きが重ならず見た目が悪い

ハード系②

ライ麦パン

ライ麦の素朴な風味がいきるライ麦パンは、フランスパンと並ぶハード系のパンの代表格。本書ではライ麦粉を2割配合したものをご紹介します。

所要時間
前日10分・当日3時間

★ホイロのみきわめがポイント。とくにとり過ぎには要注意

ライ麦パンの失敗と疑問
▶128ページ

材料(10個分) ※【 】はベーカーズパーセントを示している

●発酵種
フランスパン専用粉(フランス) ………125g【25%】
インスタントドライイースト ……………2g【0.5%】
水 …………75g【15%】

●本ごね
フランスパン専用粉(フランス) ………275g【55%】
ライ麦粉 ………100g【20%】
塩 ……………10g【2%】
ショートニング ………………5g【1%】
モルトシロップ …………2g【0.3%】g
インスタントドライイースト ……………2g【0.4%】
水(適温)…260g【52%】

下準備は18ページを参考にする

パンDATA

発酵種の発酵	22～25℃(15～20時間)
こね上げ温度	26～28℃
本ごねの発酵	28～30℃(60分)
分割	80g×10個
ベンチタイム	15分
ホイロ	33℃(40～50分)
焼成	230℃(23～25分)

つくり方

前日 発酵種をつくる(22～25℃で15～20時間)

1 大きめのボウルにフランスパン専用粉を入れる。別のボウルに水とインスタントドライイーストを入れて指先で混ぜて溶かす。

2 粉のボウルに液体を入れ、混ぜ合わせる。ボウル内で指を立てながら円を描くようにかき混ぜる。徐々に粉気と水気がなくなってくるので、全体がひとまとまりになるまでしばらく行う。

3 生地がまとまってきたら、台に移す。材料の分量が変わらないよう、手やボウルについた生地をカードでできるだけきれいに取るようにする。同じかたさになるまでさらに押してこねる。

材料を混ぜる

4 生地をビニール袋に入れて口を閉じる。気温が26℃以上のときは冷蔵庫で、22～25℃のときは常温で15～20時間発酵させる。22℃以下のときは1時間30℃で発酵させその後常温で発酵。発酵後、写真のように生地がふくらみ、中を開けると糸が張っているような状態になる。

ここから翌日の作業

5 大きめのボウルにフランスパン専用粉、ライ麦粉、塩、ショートニング、イースト、前日に作った④の発酵種を入れる。別のボウルにモルトシロップを入れて水を加え、指で混ぜて溶かす。

6 粉のボウルに溶いたモルトシロップを入れ、混ぜ合わせる。ボウル内で全体に混ざるようにする。生地がかたいので少し押しながら混ぜるとよい。徐々に粉気と水気がなくなり、生地がひとまとまりになったら台に移す。

こねる（10分）

7 生地を両手でつかんで、台にこすりつけるように上下に動かして練る。発酵種が全体に混ざるようにする。途中、カードで生地を集めて返し、さらにこすりつけて混ぜる。

▶詳しくは128ページへ

8 最低2分はこすりつけを行い、全体が均一になって生地がなめらかになったら生地を集める。手についた生地も手をこすり合わせてきれいに落とし、混ぜる。

9 生地を底から持ち上げる。向きを90度変えながら生地の下端を台にたたきつける。持ち上げている生地をかぶせるように折る。この動きを約3分くり返す。イメージとしては、2分こすりつけをして、3分たたき、残り4〜5分は押しごねをする。

10 生地がかたくなってきたら押してこねる。奥から手前に2つ折りし、手のひらで奥へ転がすように合わせ目が上にくるまで押す。90度向きを変え、約5分同様に押しながらこねる。

11 ⑦こすりつけから合わせて全体で10分くらいこねたら、グルテンの膜ができているか確認する。生地の一部をカードで切って四方に広げ、写真のように厚い膜が張っていたら次の工程に移る。足りない場合はさらに1分こねて、再度確認する。

発酵（28～30℃で60分）

12 生地を丸くまとめて、つるんと張った面（表面）を上にし、油脂をぬったボウルに入れる。温度計でこね上げ温度をはかる。温度は26～28℃がよい。乾燥しない場所で28～30℃で約60分発酵させる。

分割（80g×10個）

13 フィンガーテスト（163ページ参照）で発酵が完了していたら分割に入る。台に打ち粉をし、生地の表面が下にくるように台に移す。生地にカードでうずまき状に切り込みを入れて棒状にする。はかりで1個80g、計10個に分割する。

丸める

14 台に打ち粉はせずに、表面を上にして生地を置く。丸めた手のひらで生地を包むように持ち、台にこすりつけるように反時計回りに動かし、通常よりも軽く生地を丸める。

ベンチタイム（15分）

15 丸めがすべて終わったら、閉じめが下になるように置いて約15分ベンチタイムをとる。生地が乾燥しそうな場合は、大きめなビニールをかけて乾燥を防ぐ。ベンチタイム後はひとまわり大きくふくらむ。

成形

16 通常より軽く、生地を丸め直す。閉じめを上にしておき、手のひらで軽く押して少し平らにする。

▶詳しくは130ページへ

17 奥から手前に軽い力で巻く。巻いたときの合わせめに手のつけ根をあて、生地のほうへ軽く押して生地の表面を張らせる。

▶詳しくは130ページへ

18 閉じめを上にして指でつまんでしっかりと閉じ、とがった部分を軽く押して平らにする。天板に布を敷き、生地は閉じめを下にしてのせる。生地と生地の間に布で境目をつくり、生地と布は指1本分の隙間をつくる。

ホイロ（33℃で40～50分）

19 33℃で40～50分ホイロをとる。ホイロ後はひとまわり生地が大きくなる。ホイロをとり過ぎると、次のクープを入れる工程でつぶれやすいので、時間より少し前から確認するとよい。

▶詳しくは131ページへ

焼成（230℃で23～25分）

20 生地はやわらかくつぶれやすいので、ていねいに移動する。手のひらを生地に添え、布を持ち上げて手の上にのせる。そのまま、静かにオーブンシートまで移動し、閉じめが下になるように転がして置く。

21 生地の上部中心に1本クープを入れる。生地に対して刃をななめに入れ、一気に切り込みを入れると生地がクープに張りつかず、よれない。

▶詳しくは132ページへ

22 熱い天板の上にオーブンシートごと生地を移動する。パンの生地と生地のまわりにたっぷりと霧吹きで水をかける。

23 オーブンに天板を入れ、再度霧吹きをしてからドアを閉じる。

24 230℃で23～25分焼く。途中、均等な焼き色がつくように位置を入れかえながら、写真のような色になったら取り出し、クーラーに移して冷ます。

▶詳しくは133ページへ

ライ麦パンの Arrange

所要時間 前日10分・当日3時間

くるみ入りライ麦パン

材料(12個分)

くるみ ………………………… 150g

●生地

使う分量はライ麦パン(119ページ)と同じ

パンDATA

発酵種の発酵	22～25℃(15～20時間)
こね上げ温度	26～28℃
本ごねの発酵	28～30℃(60分)
分割	80g×12個
ベンチタイム	15分
ホイロ	33℃(40～50分)
焼成	230℃(23～25分)

つくり方

ライ麦パンの工程⑪まで行う

くるみを混ぜる

① サイズの大きいくるみは半分または1/4サイズに割って小さくする。こね終えた生地を平たくして四角く広げ、くるみをまんべんなく広げる。

② くるみを包み込むように手前から奥へ巻く。縦長になるように置いて再度手前から奥へ巻き、生地を押しながらこねる。生地を広げてくるみの混ざり具合を確認し、写真のように均一になるまで行う。あとはライ麦パン工程⑫から同様に行う。

ハード系❷

ライ麦パングループのパンたち

つくり方

❶ フランスパン（101ページの①～⑥）を参考に発酵種（発酵生地）をつくる。

❷ 発酵種をつくる。発酵種の材料の水以外をボウルに入れ、水を加える。混ぜて台に出し、こねる。発酵をとる。

❸ ボウルにAを合わせる。別のボウルに水、モルト、ビタミンC溶液（120ページ参照）を合わせ、❷の発酵種を細かくして加えて混ぜる。ふたつを合わせて台に出してこする（こね時間は約10分）。

❹ 発酵をとり、パンチ後、さらに発酵をとる。生地を分割して軽く丸め、ベンチタイムをとる。発酵かごにフランスパン専用粉（分量外）を茶こしでふるう。

❺ 生地を三つ折りして（a）発酵かごに入れ（b）、かごスレスレまでホイロをとる。

❻ オーブンシートの上にひっくり返して出し、斜めに2本クープを入れる（c）。熱した天板にのせて霧吹きし、240℃のオーブンで焼く。途中で220℃に温度を下げてさらに焼く。

1 パン・ド・カンパーニュ

フランス語で「田舎パン」。大きな形で、内側（クラム）が粗いのが特徴。

材料（約2個分）　所要時間：前々日10分、前日10分、当日6時間

●発酵種

フランスパン専用粉（フランス）…250g【100%】
塩……5g【2%】
発酵生地（p101のフランスパンの発酵種）……15g【6%】
水……155g【62%】

●生地

A
- フランスパン専用粉（フランス）…213g【85%】
- ライ麦粉……37g【15%】
- 塩……5g【2%】
- インスタントドライイースト……2g【0.5%】

モルトシロップ……1g【0.3%】
ビタミンC溶液…ティースプーン1/5杯
水……170g【68%】

パンDATA

発酵種の発酵	22～25℃（15～20時間）
こね上げ温度	25～27℃
本ごねの発酵	28～30℃（90分+パンチ後45分）
分割（かご使用の場合）	500g×2個
ベンチタイム	20分
ホイロ	32℃（70～90分）
焼成	240℃（15分） 220℃（25分） 計40分

※発酵種は全量使用

生地の表面に大きくクープを2本入れる。

三つ折りにした生地を発酵かごに入れる。

ベンチタイムのあと、生地を三つ折りにする。

つくり方

1. フランスパン（101ページの①〜⑥）を参考に発酵種をつくる。
2. ボウルにAを合わせる。Aと❶の発酵種245gと水を合わせる。台に出してこね、約12分たったら煎ったごまとひまわりの種を加えてこねる（こね時間は約15分）。
3. 発酵、分割、ゆるく丸め、ベンチタイムをとる。3つ折りの棒成形をする。
4. 水を湿らせた布巾に生地を押しつけてぬらし、雑穀を入れたバットで転がす（a）。布を敷いた天板に並べる（b）。
5. ホイロをとり、焼成時にオーブンシートにのせる。縦に2本のクープを入れて熱した天板にのせ、霧吹きをたっぷりしてオーブンで焼く。

ホイロをとるときは、写真のように幅をあけて並べる。

生地を転がして、側面にも雑穀がつくようにする。

2 パン・オ・シリアル

生地に雑穀を混ぜ込んだ素朴なパン。10種類の雑穀が入っている。

材料（約7個分）　所要時間：前日10分、当日3時間

●発酵種
- フランスパン専用粉（フランス）…………150g【100%】
- 塩…………3g【2%】
- インスタントドライイースト……1g【0.6%】
- 水…………94g【65%】

●生地
- A
  - フランスパン専用粉（フランス）…………250g【50%】
  - ライ麦粉…125g【25%】
  - そば粉……50g【10%】
  - 栗粉…………25g【5%】
  - オートミール・50g【10%】
  - 塩…………10g【2%】
  - インスタントドライイースト…………3g【0.6%】
- 水…………350g【70%】
- 白ごま、ひまわりの種…各25g【5%】

●雑穀
- かぼちゃの種、オートミール、コーングリッツ、白けし……適量

パンDATA

発酵種の発酵	22〜25℃（1〜3時間） 冷蔵発酵　1〜2日
こね上げ温度	26〜28℃
本ごねの発酵	28〜30℃（焼く60分）
分割	150g×7個
ベンチタイム	20分
ホイロ	33℃（50分）
焼成	230℃（25分）

※発酵種は250g（50%）使用

つくり方

1. フランスパン（101ページの①〜⑥）を参考に発酵種（発酵生地）をつくる。
2. 発酵種をつくる。発酵種の材料の水以外をボウルに入れ、水を加える。混ぜて台に出し、こねる。発酵をとる。
3. ボウルにAと❷の発酵種を合わせる。別のボウルに水、モルトを合わせる。ふたつを合わせて台に出し、こねる（こね時間は約10分）。生地をプレーン用300g、くるみ用とレーズン用各275gに分割する。くるみとレーズンは生地に混ぜる。
4. 発酵をとり、丸め直してベンチタイムをとる。軽い力で棒成形し、両端を細くする。成形後すぐに浅いクープを8〜9本入れる（a）。布を敷いた天板に置き、ホイロをとる（b）。
5. 熱した天板にのせ、霧吹きをする。240℃のオーブンで焼き、途中で温度を220℃に下げてさらに焼く。

生地を写真のように並べてホイロをとる。

クープは生地に対して垂直になるように入れる。

3 パン・ド・セイグル

ライ麦粉を多めに使いながらも、ふくらむように仕上げるパン。くるみとレーズン入り。

材料（3個分）　所要時間：前々日10分、前日10分、当日3時間

●発酵種
- フランスパン専用粉（フランス）…………150g【100%】
- 塩…………3g【2%】
- 発酵生地（p101のフランスの発酵種）…………9g【6%】
- 水…………94g【62%】

●生地
- A
  - フランスパン専用粉（フランス）…………50g【20%】
  - ライ麦粉‥200g【80%】
  - 塩…………5g【2%】
  - インスタントドライイースト…………2g【0.5%】
- モルトシロップ…1g【0.3%】
- 水…………158g【63%】
- くるみ、コリントレーズン…各25g【30%】（1個分）

パンDATA

発酵種の発酵	22〜25℃ （15〜20時間）
こね上げ温度	26〜28℃
本ごねの発酵	28〜30℃（60分）
分割	300g×3個
ベンチタイム	15分
ホイロ	32℃（60分）
焼成	240℃（10分） 220℃（25分） 計35分

※発酵種は250g（50%）使用

生地はどのくらいこねたらいいの？

ハード系のパンはこね過ぎないこと

ライ麦パンは発酵種が入っているのでこすりつけをしっかりし、発酵種が均一に混ざるようにします。

生地はややかためでたたきづらいので、後半は押すようにしてこねましょう。押すといっても、力を入れてこねるのではなく、転がしながら、軽く押してグルテンを徐々につくることが大切です。表面が裂けない程度の力でこねます。

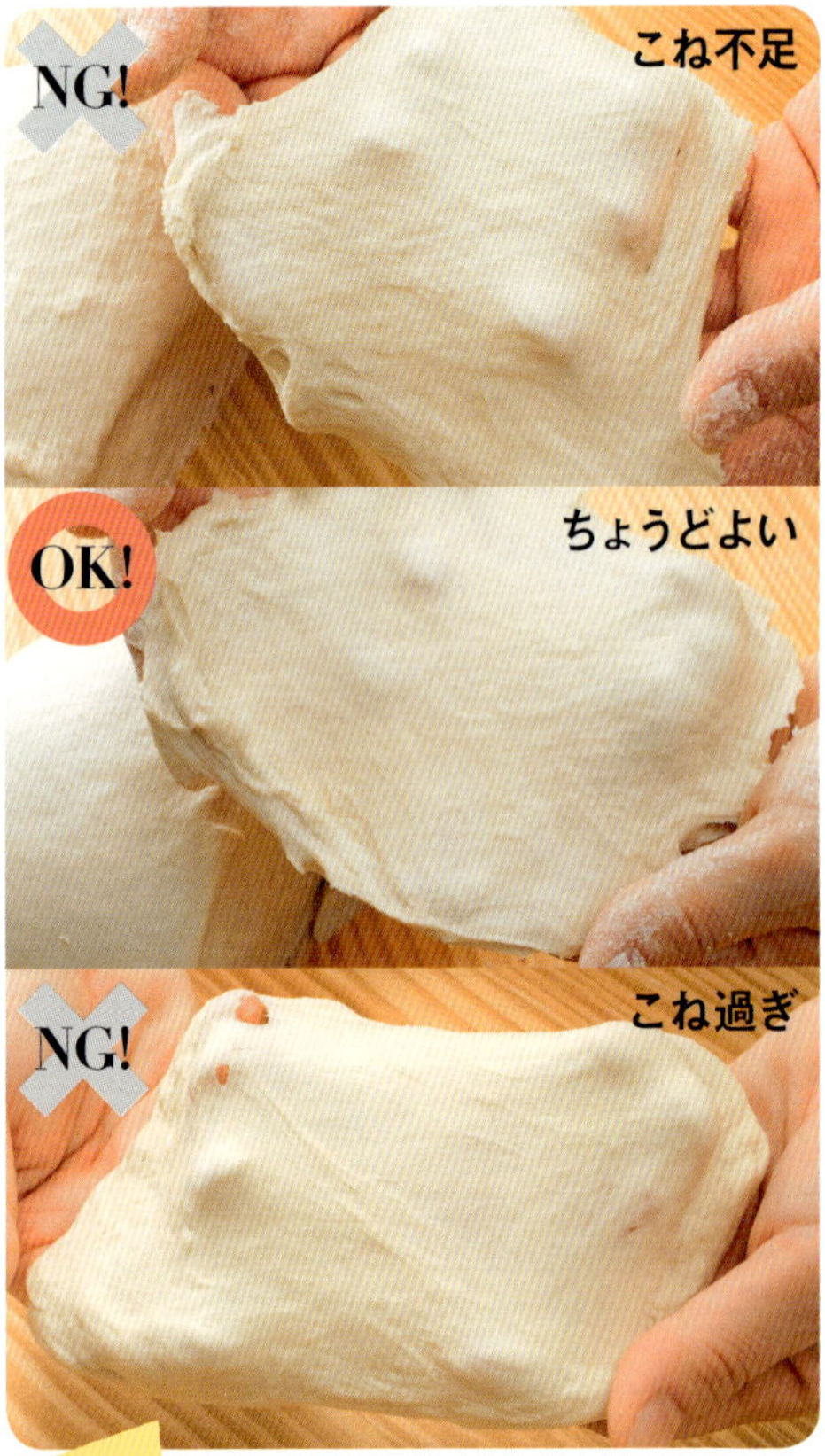

advice グルテンでこねを確認

グルテンの膜は弱いのが理想。写真上はこね足りず膜が弱く、中はちょうどよい膜、下はこね過ぎていて膜が薄くのび始めている。こね時間は人それぞれのこね具合で変わってくるので見極めに注意。

OK! ちょうどよい

クープの割れ目の片方が盛り上がる。断面は粗く、外側（クラスト）とのバランスがちょうどよい。

NG! こね過ぎ

生地が膨張してクープの割れ目の盛り上がりがわかりづらい。断面は詰まって食感に弾力が出てしまう。切れ目も平たく広がり過ぎている。

ライ麦パンの生地を軽く丸められない

OK! ちょうどよい丸め

ふんわりとやさしく丸められている。通常の7〜8割の力で丸めるとよい。ライ麦パンはグルテンが弱くてよいので、生地に強い緊張を与えない。

NG! 丸め過ぎ

丸め方が強過ぎる。表面がしっかりと張っており、グルテンが強化されてしまっている。

解決!

丸めが強くなってしまうとき

どうしても丸めが強くなる場合は、生地を巻くようにして丸めるとよい。

1 ゆるく巻く

手前から奥へ軽い力で巻いていく。

2 向きを変える

向きを90度回転させて、縦長に置く。再度、手前から奥へ巻いていく。

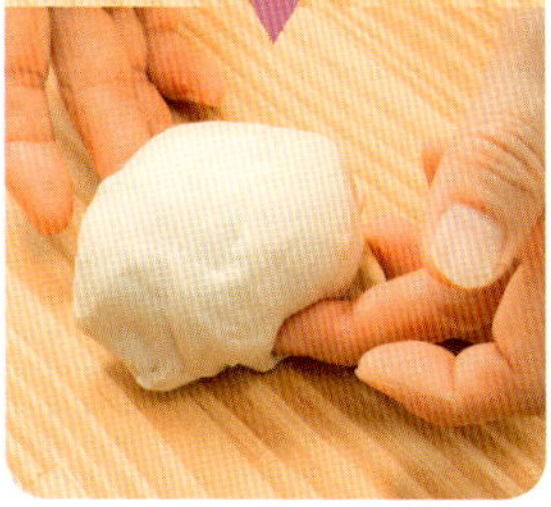

3 完成

閉じめを下にして置き、とがった角を押し込めば完成。

one more

分割で生地を細切れにしない

分割するときに細かくなると生地を傷めるので、できるだけ少ない回数で分ける。とくにライ麦パンの生地は繊細なのでガスが抜けやすい。

きれいなコッペ型に成形できない

NG!

成形の巻きが強く、中心のふくらみがダウンして全体に横幅が小さい。

OK!

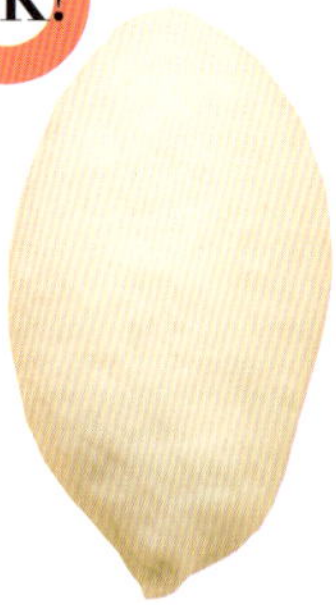

理想の成形。中心がふんわりと太く、先が細いコッペ型をしている。

advice1 やさしく押さえる

ボリュームのあるきれいなコッペ型にするには、ガスを抜き過ぎないように注意。丸めるときは通常の8割の力にし、つぶすときも軽く押さえる程度にする。

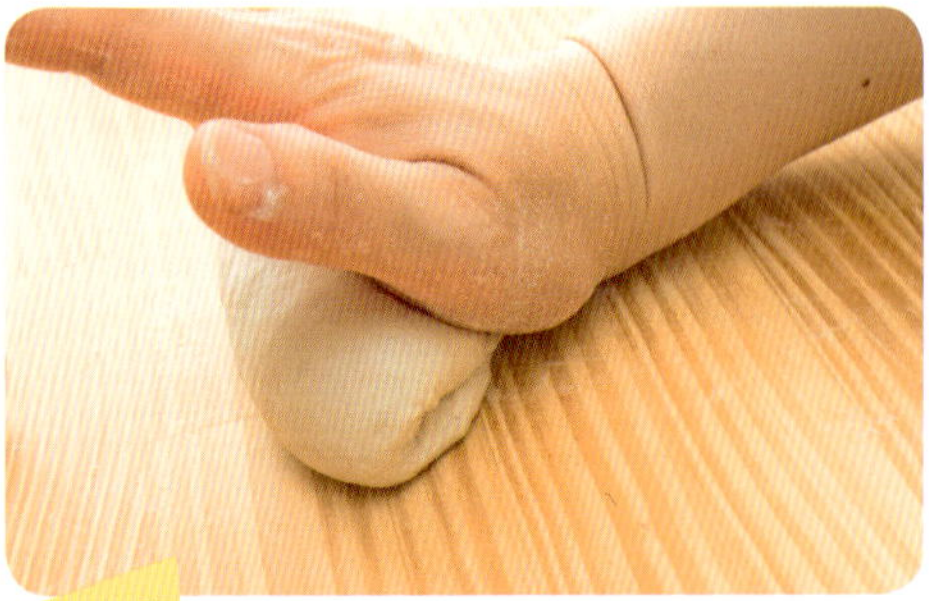

advice2 まん中だけしっかり閉じる

巻き終わりを手のつけ根で閉じるときは中心だけ行い、あとは上を向けて指でつまんで閉じる。こうするとすべての閉じめをつけ根で行うより、生地をつぶさずにすみ、ふんわりと成形できる。

少し長めの棒成形でもOK

きれいなコッペ型にできないときは、棒成形の方法でもOK。ただし、少し細長くなる。

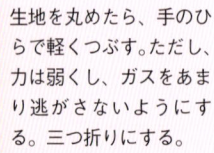

1 平たくつぶす

生地を丸めたら、手のひらで軽くつぶす。ただし、力は弱くし、ガスをあまり逃がさないようにする。三つ折りにする。

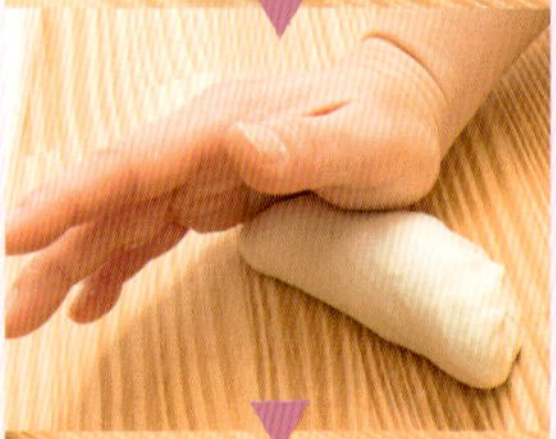

2 巻き終わりを閉じる

最後は手のつけ根で軽く押して生地を引っつける。真ん中だけでなく端から端まで押すこと。

3 しっかり閉じる

閉じめを上にして指先でつまんでしっかり閉じる。指先で尖った閉じめをなだらかにする。

ホイロはどのくらいがいいの?

少し生地がゆるんできたころ

ライ麦パンの失敗はホイロのとり過ぎが多いです。小麦粉が少ないためグルテンができにくく、こね時間が短いのでホイロの時間で差が出ます。

ここで失敗すると、焼き上がりの見た目にも味にも響きます。ホイロ完了のタイミングは、約1.5～2倍にふくらみ、生地が少しゆるんできたころです。

NG! ホイロ不足

触ると弾力がある。まだ張りがあるのでクープ自体は入れやすい。

ふくらみが足りない

断面が詰まっている

ふくらみが足りないのでひとまわり小さく、断面も詰まっている。クープの割れ具合も小さい。

OK! ちょうどよい

約1.5～2倍にふくらんでおり、触るとやわらかい。

割れめの片方が立つ

断面がほどよく粗い

クープは大きく広がっており、割れめの片方が立っている。理想の焼き上がり。

NG! ホイロ過多

生地がだれており、クープを入れるとしぼむ。表面に大きな気泡ができることもある。

生地が横に広がる

断面が粗い

全体にひとまわり大きく、生地がゆるむので横に広がる。ガスによって気泡が表に残ることも。

クープを入れるときのコツを教えて

きれいに開くのが理想の状態

ライ麦パンは繊細な生地です。ホイロ後に刺激を与えると、すぐにガスが抜けて形が悪くなります。移動させるときには、手のひらで包むように軽く持ち、ゆっくりと動かしましょう。

クープを入れるときには、刺激が少なくてすむように、手早く行うのがコツです。クープを入れる位置を確認し、刃をななめにあててすっと切り込みを入れます。

NG! 刃が立っている

解決！

クープはそぐようなイメージで生地に対してななめに入れる。刃を立てて入れると切れめが深くなり、割れめがきれいに出なくなる。

NG! 深過ぎる

解決！

クープの先端を使い、刃先の1/3ほど埋まればよい。上の写真のようにクープ全体を使い、刃の半分埋めると深過ぎる。

OK! きれいなクープ

クープがしっかりと割れており、片側が立っている。

NG! 乾燥している

生地が乾燥していると、クープを入れたときに生地が引っ張られ、シワが寄る。ホイロをとるときには乾燥させないように注意する。

ちょうどよい焼き加減がわからない

解決！

ほかのパンよりしっかり焼く

ライ麦は自身が水を吸収する性質を強くもつため、ほかのパンよりも焼き上がるのに時間がかかります。

焼き方が足りないと、ライ麦の持つ独特の臭みが残ってしまい、クラスト（外側）もパリッとしません。ライ麦パンは最低でも23分以上はオーブンに入れるようにしましょう。ただし、焼き過ぎると水分が飛び過ぎて、食感が悪くなるので注意しましょう。

OK! ちょうどよい

濃いめの焼き色がつき、表面がしっかりとしている。クープを入れた部分がしっかり開いている。

NG! 焼き足りない

きつね色より少し強い焼き色がついているが、表面がまだ少しやわらかい。

NG! 焼き過ぎ

強い焼き色がついており、表面はかちかち。見た目が悪い。

advice 感触を覚える

焼き上がりにしばらくして、両端を指で押さえたときに、へこんでしまうようなら焼き足りていない証拠。その場合は、食べるときに約5分焼き戻すと少しはよくなります。

check

焼き足りない　ちょうどよい　焼き過ぎ

断面をみて焼成が足りているか確認することもできる。焼き足りないときは外側のクラストが薄い。焼き過ぎるとクープを入れて開いている部分の外側（クラスト）まで厚くなっている。

そのほかのパン

クロワッサン

クロワッサンは生地とバターを重ね合わせ、きれいな層をつくって焼き上げます。つくるポイントは作業中のスピードと生地をよく冷やすことにあります。

所要時間
前日1時間・当日5時間

★バターが溶けそうと思ったらすぐに冷凍庫

クロワッサンの失敗と疑問
▶144ページ

材料（10個分）　※【 】はベーカーズパーセントを示している

フランスパン専用粉（フランス）……250g【100%】
砂糖……30g【12%】
塩……5g【2%】
脱脂粉乳……5g【2%】
バター（室温）……25g【10%】
卵……13g【5%】
生イースト……9g【3.5%】
（インスタントドライイーストの場合は4g）
水（適温）…130g【52%】
折り込み用バター（冷やす）……125g【50%】

下準備は18ページを参考にする
・折り込み用バターは冷やしておく
・三角形の紙型（底辺10×高さ15cm）を用意する

パンDATA

こね上げ温度	25〜27℃
発酵	28〜30℃（40〜60分） 冷蔵発酵（15〜20時間）
折り込み	3つ折り3回
成形	厚さ2.5mm10個分
ホイロ	32℃（60〜80分）
焼成	230℃（15分）

つくり方

前日　材料を混ぜる

1 大きめのボウルにフランスパン専用粉、砂糖、塩、脱脂粉乳、室温に戻したバターを入れる。別のボウルに温度を調節した水と生イーストを入れて泡立て器で溶かし、卵を加え、さらに混ぜる。

2 ①の粉のボウルに液体を入れ、混ぜ合わせる。徐々に粉気と水気がなくなり、全体がひとまとまりになるまでしばらく混ぜる。

こねる（5分）

3 生地がひとまとまりになったら台に移す。生地を両手でつかんで、台にこすりつけるように上下に動かして練る。全体が同じかたさになり、写真のようななめらかな状態になるまで約2分行う。

4 ひとまとめにした生地の底に上下から手を差し込み、持ち上げる。向きを90度変えながら生地の下端を台にたたきつける。持ち上げている生地をたたきつけた生地にかぶせるように折る。約1分くり返す。

5 生地がかたくなってきたら押してこねる。奥から手前に2つ折りにし、奥へ転がす。合わせ目が上にくるまで押す。90度方向を変えて同様に押してこねる。約2分くり返す。

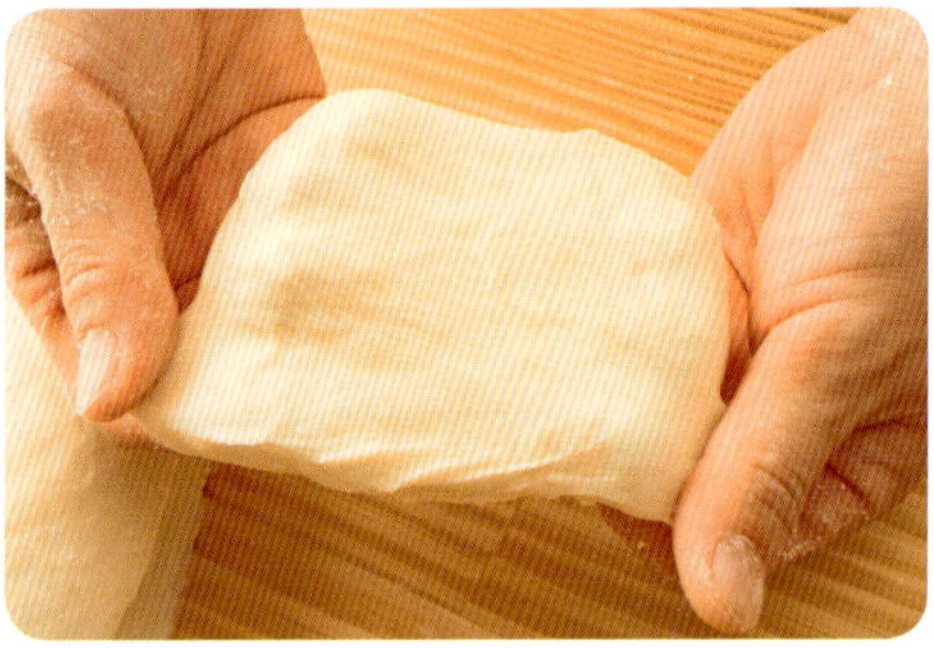

6 こすりつけから全体で約5分こねたら、グルテンの膜ができているかを確認する。生地の一部をカードで切って四方に広げ、写真のように粗めな膜が張っていたら次の工程に移る。

▶詳しくは144ページへ

発酵（28～30℃で40～60分）

7 生地を丸くまとめて、つるんと張った面（表面）を上にし、油脂をぬったボウルに入れる。温度計でこね上げ温度をはかる。温度は25～27℃がよい。乾燥しない場所で28～30℃、40～60分発酵させる。

パンチ

8 台に生地を移す。生地の中心から外へ向かって手のひらで押してガスを抜き、生地を平らにする。左右から2つ折りにして手のひらで押さえ、次に上下にも2つ折りする。最後に軽く丸める。

冷蔵発酵（15～20時間）

ここから翌日の作業

9 生地をビニール袋に入れ、少し袋に余裕をもたせるように包んで冷蔵庫に入れる。15～20時間冷やす。発酵後は袋いっぱいにふくらんでいる。

バターをのばす

10 台に多めに打ち粉をし、よく冷やしたバターをおき、両面に粉をつける。めん棒でバターをたたき、ある程度平たくなったら裏返して再度たたく。これをくり返して20cm四方くらいにする。

▶詳しくは145ページへ

生地をのばす

11 打ち粉をした台に⑨の生地を出す。手のひらで四角になるようにつぶし、さらにめん棒で均一な厚さの四角になるようにのばす。角に厚みを残し、ななめ方向にめん棒をかけると角が出やすい。

12 ⑪の生地の上に⑩のバターを45度ずらしてのせる。生地はバターより少し大きい約25cm四方にのばす。重ねたときに写真のようになる。

バターを包む

13 生地の対角線同士を引っ張りながら合わせ、合わせめを指でつまんで閉じる。バターがみえている場所は両側の生地を指でつまんで閉じる。写真のようにすべての場所を閉じて、バターが隠れるように生地で包む。

折り込み（1回目）

14 1回目の折り込みをする。台に打ち粉をして閉じめが上になるように置く。めん棒で生地を押しながら中心から上下へ向かって転がす。生地を裏返して同様にめん棒で生地を押さえる。最初にめん棒で押すことで、バターと生地をしっかりとくっつけたままのばすことができる。

15 生地とバターがしっかり張りついたら、めん棒を転がしながら生地をさらにのばす。縦60×横20cmまでのばす。

▶詳しくは147ページへ

16 生地をのばし終えたら下1/3を折り、上1/3も折って3つ折りにする。上からめん棒で軽く押して生地を密着させる。このとき、生地の状態がよければ折り込み2回目に入り、だれてきたときは冷凍庫で一度冷やす。

折り込み（2回目）

17 2回目の折り込みをする。生地の向きを90度回転させる。工程⑭〜⑯と同様にまずはめん棒で生地を押してからのばし、縦60×横20cmまでのばしたら、さらに3つ折りにしてめん棒で押す。

冷やす（30〜40分）

18 生地がやわらかくなってくるので、バターが溶け出す前に一度冷やす。大きめのビニール袋に包み、冷凍庫で30〜40分冷やす。

折り込み（3回目）

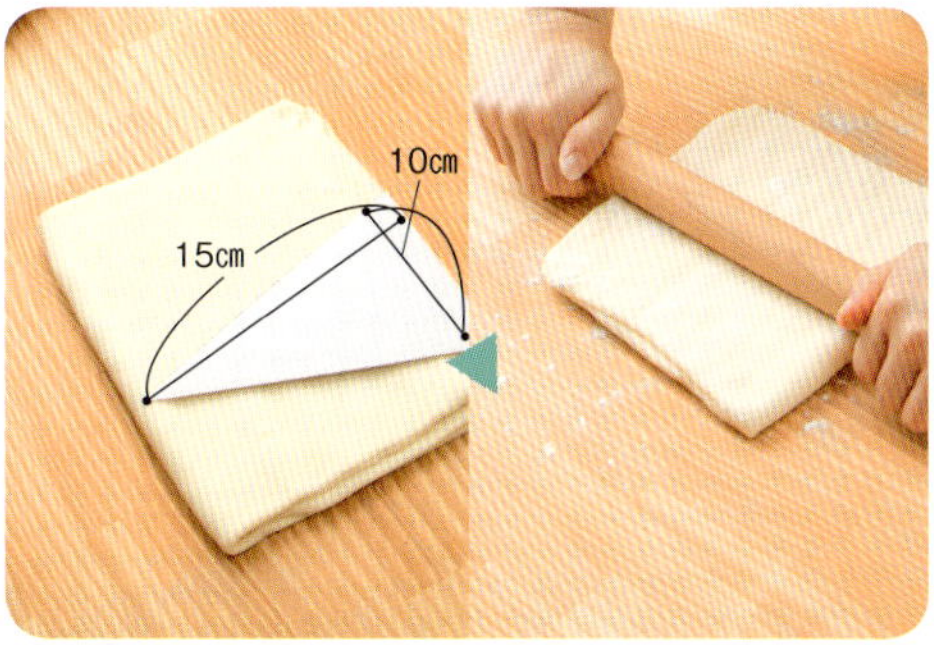

19 2回目に折った方向と90度向きを変え、工程⑭〜⑯と同様に生地をのばしてから50×20cmにのばし、3つ折りにする（底辺10×高さ15cmの三角形をとるため）。生地を大きなビニールに包んで約30分冷凍庫で冷やす。

生地をのばす（成形・1回目）

20 生地を台に移して型の高さが横を向くように置く。横幅を保ちながら工程⑭〜⑮と同様の方法で生地をのばす。

冷やす（30分）

21 一度に最後までのばすと、折り込まれているバターが溶け出すので途中で冷やす。大きなビニールに生地を置き、軽く曲げて冷凍庫に入る大きさにし、包む。冷凍庫で約30分冷やす。

生地をのばす（成形・2回目）

22 生地を台に移し、やぶれないようにていねいにのばす。中央から奥へ、中央から手前へとめん棒を転がすのをくり返し、60～70cmにのばす。縮むことも計算に入れ、少し長めにのばす。最終的には縮んだ状態で長さ55cmになるようにする。

生地を切る

23 生地を横長になるように置く。工程⑲で出てきた底辺10cm×高さ15cmの二等辺三角形の型に合わせて生地を包丁で切る。全部で10枚の生地を切る。

冷やす（20～30分）

24 生地があまり重ならないようにバットに並べ、冷凍庫に20～30分入れる。少し冷える程度でよい。

成形

25 二等辺三角形の頂点を手前に向けて持つ。生地の真ん中あたりから頂点のほうへ向かって生地を少しずつ引っ張ってのばす。

▶詳しくは148ページへ

26 底辺の生地を少し巻き、芯をつくる。成形を行っているときは、バターが溶けないように、できるだけ生地に触れる時間が短くなるように意識するとよい。

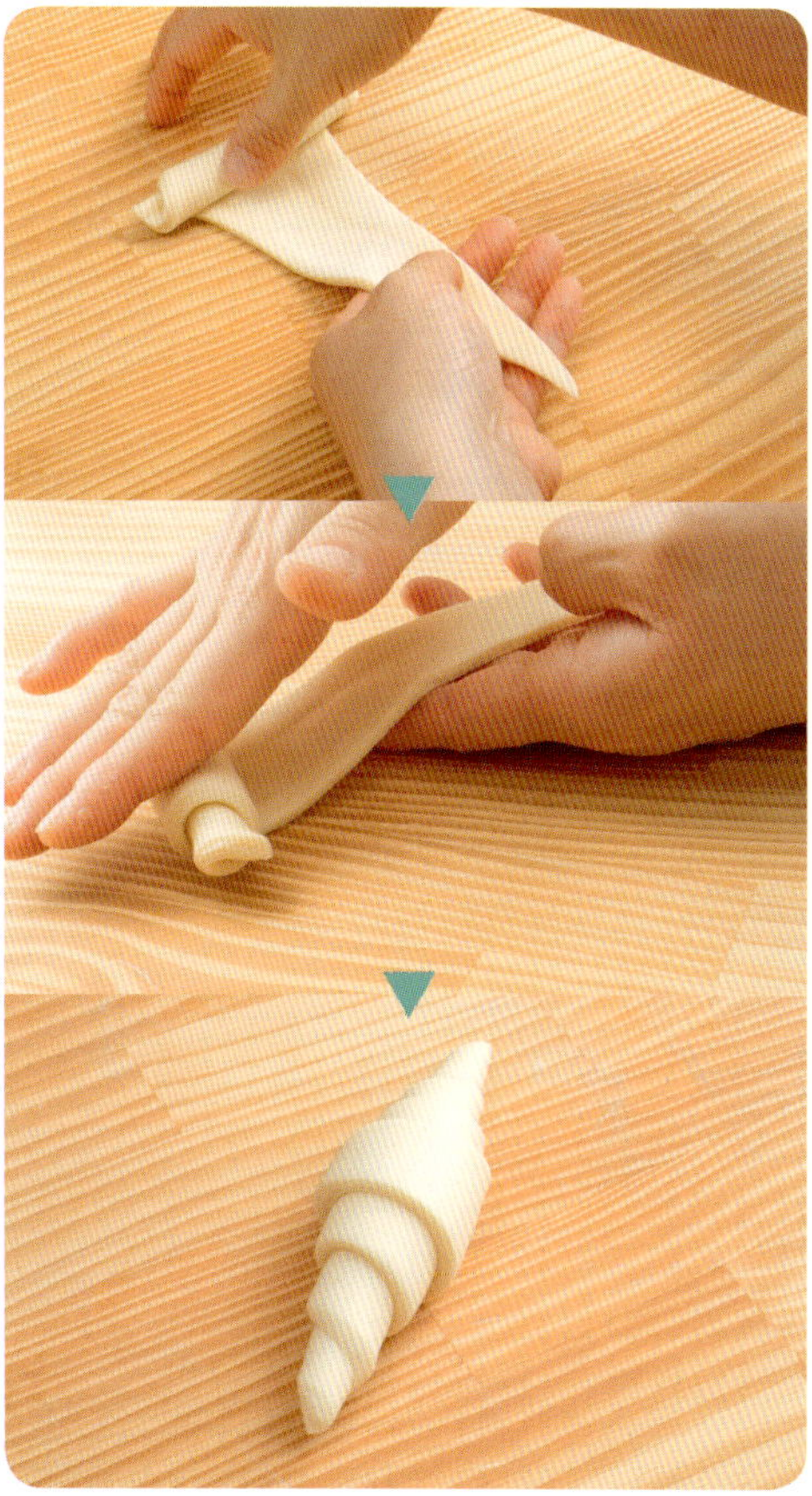

27 生地の手前を持ちながら奥から半分くらいまで巻き、次に両手で生地の端を転がして最後まで巻く。巻くときは力を入れずに軽く転がすようにすると、手の熱が伝わりにくい。

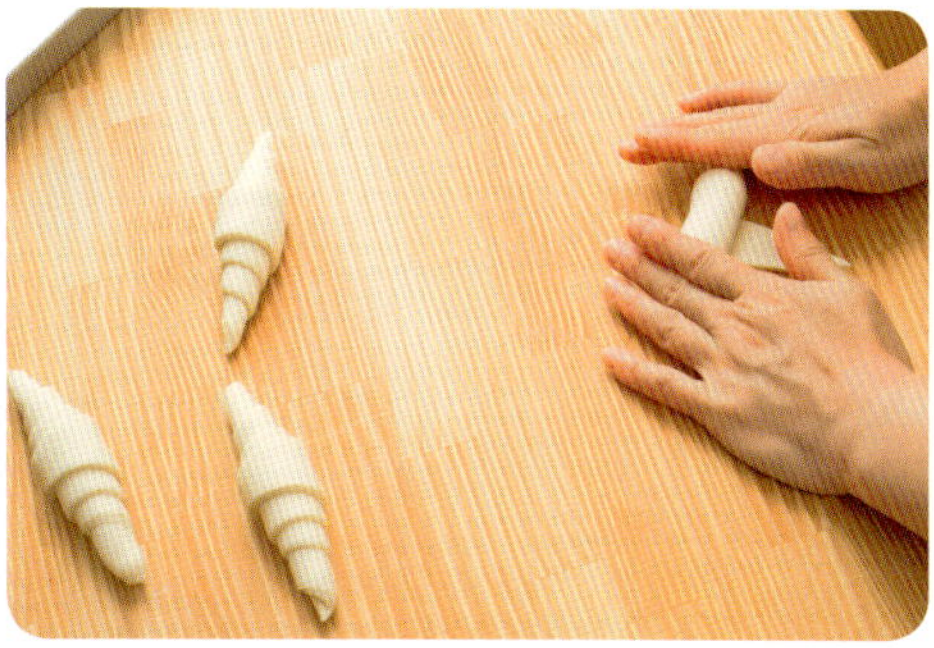

28 同様にほかの生地も巻いて成形する。バターが溶けないように手早く行うこと。

ホイロ（32℃で60～80分）

29 オーブンシートを敷いた天板に生地を置き、32℃で60～80分ホイロをとる。発酵が進むと層の断面が開いてくる。バターが溶けるので温度が上がり過ぎないように注意する。

焼成（230℃で15分）

30 ホイロを終えたら、ハケで溶き卵をまんべんなくぬる。このとき、オーブンシートに溶き卵がたれるほど厚くぬらないこと。

31 予熱したオーブンに入れ、230℃で約15分焼く。途中、均等な焼き色がつくように位置を入れかえるとよい。写真のような焼き色になったら取り出し、クーラーに移して冷ます。

クロワッサンの Arrange ｜ 所要時間 前日1時間・当日5時間

パン・オ・ショコラ

材料（10個分）

パン用の棒状チョコレート ……………………………20本

●生地

つくる分量はクロワッサン（135ページ）と同じ

パンDATA

こね上げ温度	25～27℃
発酵	28～30℃（40～60分）・冷蔵（15～20時間）
折り込み	3つ折り3回
成形	厚さ2.5㎜10個分
ホイロ	32℃（60～80分）
焼成	230℃（15分）

つくり方

クロワッサンの工程⑱まで行う

折り込み（3回目）

① 縦70×横20cm（クロワッサンとは伸ばす長さを変える）にのばして3つ折りする。大きなビニール袋に包んで冷凍庫に入れ、生地を冷やす。3つ折りは全部で3回行う。

生地をのばす成形（1回目）

② めん棒で50×23cmにのばす。一度にのばすのは難しいので、途中でビニール袋に包んで冷凍庫で約30分冷やす。

3 生地を横長にして置き、定規で大きさをはかりながら、さらにのばす。最終的には縦50×横23cmの生地にのばす。

4 しっかりと縮みをとった後にパイカッターを使って縦に2等分、横9cm間隔になるように印をつける。このとき、左右の端は凸凹しているので切り落とす。パイカッターを使わない場合は、事前に9×11cmの型紙をつくり、それに合わせる。

5 端を包丁で切り落とし、生地を11×9cmの長方形にする。パイカッターでつけた印を目安に生地を切り分ける。包丁はスライドさせずに押し切りにする。

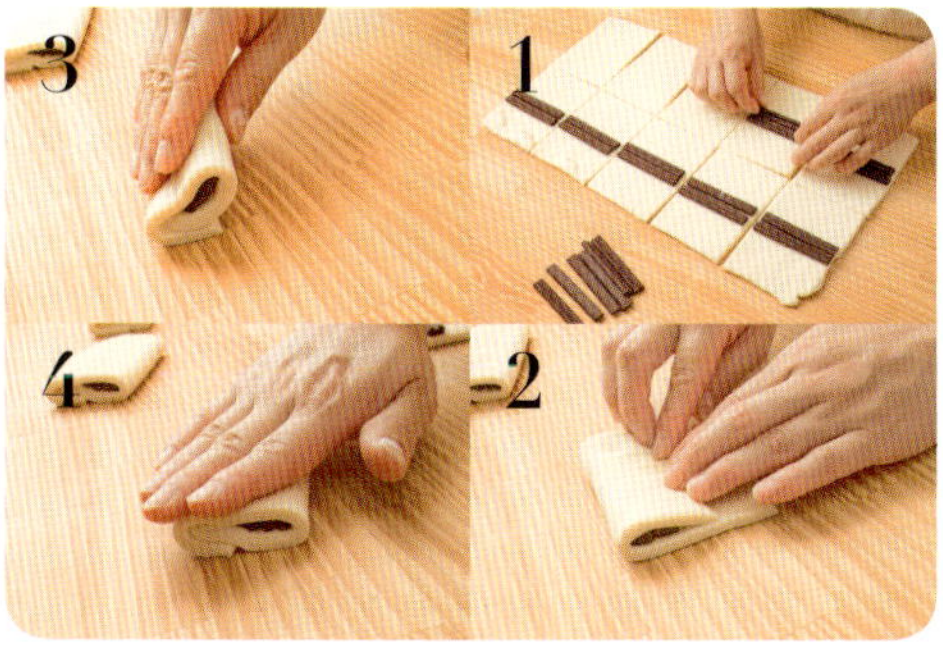

6 生地の中心にチョコレート棒を2本ずつ置く。奥から手前へチョコレート棒を包むように生地を折る。さらにもうひと巻きしてから上からしっかりとつぶすように押さえる。

ホイロ（32℃で60分）

7 オーブンシートを敷いた天板に生地を置き、32℃で約60分ホイロをとる。

焼成（230℃で15分）

8 溶き卵をハケでまんべんなくぬる。予熱したオーブンに天板を入れ、230℃で約15分焼く。写真のような焼き色になったら取り出し、クーラーに移して冷ます。

生地はどのくらいこねればいいの？

粗いグルテンができればOK

クロワッサンはこねるときにあえて、こね過ぎないように注意しましょう。グルテンは外から刺激を受けると強くなっていきます。そのため、こね・たたきのときだけでなく、生地を折り込んだりのばしたりしているときにも少しずつつくられています。そのときにできるグルテンのことも考えて、こね・たたきの作業では弱いグルテンの状態で次の工程に移ります。

こね過ぎのみきわめ方

OK! ちょうどよい

弱いグルテン膜ができている。キメが粗くそろっていないが、少し広げられる。

NG! こね過ぎ

こね過ぎると、バターロールのように薄くのばせてしっかりとした膜になっている。これだと弾力があり過ぎるため、折り込みをするときにのばしづらくなる。

のばしているときに縮む

こね過ぎてグルテンが強くなっている生地は縮む力が強いのでのばしても縮む。のばすことに時間がかかり過ぎると、バターが溶け出してくるので注意を。

型より小さい

こね過ぎだけでなく、冷やし方が足りなかったり、縮ませずにカットしたなどの可能性がある。縮むことを計算に入れて作業するのが大切。

バターが四角に広げられない

OK! 四角がきれい

ほぼきれいな四角の形に広げられており、角も丸まっていない。厚みも均一。

NG! 四角がいびつ

きれいな四角になっておらず、角が丸まっている。時間もかかり過ぎていてかたさもバラバラ。とくに端はやわらかいのでボロボロになる。

解決!

生地は冷たい状態でたたくのがポイント

バターは13～18℃のときはのばしたり、練ったりと粘土のように形を変えられる「可《か》塑性《そせい》」と呼ばれる性質をもっています。

バターをたたいて広げる作業は可塑性を利用します。たたく直前まで冷蔵庫で冷やしておき、まだ冷たいバターを手早くめん棒でたたいていきましょう。バターの温度を上げないように注意します。

advice1 両面から交互にたたく

バターを広げる前に台に多めに打ち粉をし、バターの上にも打ち粉をかける。たたくのは同じ面からではなく、何度か裏返し両面から徐々に広げていく。打ち粉は常に両面についている状態にする。

advice2 バター全体にあてててたたく

めん棒の先がバターにあたるようにたたくと、形がくずれはじめます。たたくときはバター全体にめん棒があたるように行う。めん棒の端を手に持って行うとよい。

バターを包むときのポイントは？

包み方がヘタだと層がきれいに出ない

クロワッサンは焼成時に生地と生地の間にはさまれていたバターの水分が蒸発することによって隙間ができ、層になります。そのため、きれいな層を出すには生地、バター、生地の間隔がどこも均一の厚さになっていることが大切です。バターを包むときに、生地が大き過ぎるとバターを包めないところがでてきます。バターは22㎝四方、生地は25㎝四方と、生地が少しだけ大きいのが理想です。

NG! 生地が大き過ぎる

生地のサイズが大きいとバターを四方から包むときに、生地を引っ張らないでも届き、バターのみえる隙間がない。この状態で全体を閉じても、生地の端のほうにはバターがはさまれていない部分ができ、うまく層ができなくなる。

OK! 引っ張って包む

バターを生地で四方から包むときは引っ張りながら行う。包んだときは角がそれぞれ出ている状態になっているのが理想。バターが出ている部分を隠すように生地を両側から引っ張って閉じる。こうすることで、どこもほぼ均等に生地、バター、生地の層になる。

折り込みがうまくできません

advice1 いきなりのばさない

生地はまずめん棒で押すことで生地とバター、または生地同士がしっかり張りつき、のばすときに一緒に動く。のばしはじめに押すときは中心から奥へ、中心から手前と両方向行う。

advice2 端まで力を入れない

生地の端をのばしきると写真のようにのび、折ったときに折り目がきれいに合わない。生地の端2cmほどは外側から内側にめん棒をかけると、丸くなりにくいので、力を入れ過ぎないように厚みを調整する。

advice3 端をしっかり合わせる

生地を折るときは角と角、辺と辺とがしっかりと合うように整える。重なっていないところがあると、その場所に層がきれいにできない。また、のばすときも、ときどき手で形を整えながら行う。

解決！

生地をのばしたときの厚さがバラバラだと3つ折りしてもうまく重ならない。

生地がきれいにのばせているので、折ったときに、形が整う。

one more

冷やしすぎて凍ると割れやすい

クロワッサンはバターが溶けないように冷凍庫に入れて生地を冷やしながら作業するが、冷凍庫に入れている時間が長いと生地は必要以上にかたくなり、この状態でめん棒をかけると生地にヒビが入る。冷蔵庫に入れて少し戻してからめん棒をかけるとよい。

成形がうまくできません

OK! きれいな成形

層が下の段から上の段までしっかりと均一に盛り上がっている。端のほうがしっかりと細くなっている。

NG! バターが溶けた

バターが溶けると、水分が生地に吸収されて、焼き上がりの層がバラバラに。成形はバターが溶けないようにスピーディに行うことが大切。

NG! のばし方があまい

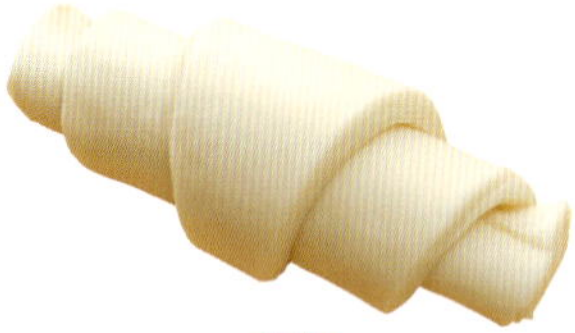

成形するとき、二等辺三角形の頂点を手前に引っぱって生地をのばすが、そののばしがあまいと両端が細くならず、全体的にずんぐりとしたでき上がりになる。

one more

NG! 表面がかたくつるっとしている

生地の端のほうまでしっかりと三つ折りがされていないと、うまく層が出ず、上の写真のような失敗が起こりやすい。食感もサクッとしない。折り込みは丁寧に行うこと。

NG! 途中でちぎれた

二等辺三角形の頂点を引っ張るときは生地の中心から頂点のほうへ徐々にすべらすように行う。一カ所に負荷をかけると生地がちぎれてしまい、そのまま成形すると焼成したときにそこが分かれる。

クロワッサンの失敗と疑問⑥

折り込み回数と層の関係は？

2回のとき

バターを生地で包んだとき3つ折りを2回行うと19層できる。層と層との空間が大きく、層ひとつずつも厚め。

OK! 3回のとき

通常のクロワッサンの折り込み回数で55層できる。空洞の割合がちょうどよく、サクサクとしたもろさとパンのようなふんわりとした食感がある。理想の状態。

4回のとき

4回3つ折りをすると163層になる。層ひとつずつが薄く、層同士の隙間が小さいので密集していたり、薄過ぎて、くっついてしまうことも。

クロワッサンの失敗と疑問⑦

ホイロのときの注意点は？

NG! バターが溶ける

NG!

ホイロのときに生地の温度が上がり過ぎると、バターが溶けて出てくる。これでは層がなくなるので、焼き上がりは盛り上がらずつぶれた形になる。また、見た目もカサッとした印象になる。

解決！

ホイロの温度を上げ過ぎない

クロワッサンのホイロはバターが溶けないように30〜32℃とほかのパンよりも低めの温度で行う。しかし、60〜80分と長時間とるため、途中でこまめに様子をみて温度管理をしないと温度がいつの間にか上がり、バターが溶けてしまう。

Column 1

パンの正しい切り方

せっかく上手に焼けたのに、切り方が悪いだけで見栄えは台なしに。
形がくずれない上手な切り方のコツを学びましょう。

パンを切るときは側面からスパッと切る

パンを切るとき、つぶれてしまうことがありませんか？これはふくらんだパンを、上からナイフで押しつぶしてしまうため起こります。パンをカットする時は波刃の包丁を使いましょう。細く長い刃にギザギザがついているのが特徴で、力をあまり入れずに大きくスライドするときれいに切れます。上からぐっと力をこめないよう注意します。

切るときのPOINT

1. 横にたおす

食パンなどのように背の高いパンは、サイドがやわらかくて弱いので、その面を上に向けて置き、切るとよい。

2. 熱いうちは避ける

焼成後すぐの熱がこもっているうちは、切り口が粘って切りづらい。

3. 包丁を大きく動かす

パンをつぶさないように注意しながら、下に届くまで時間をかけて何度も前後に包丁を大きく動かす。押すように切るとつぶれる。

こんなパンはどう切る？

フランスパンなどかためのパン

フランスパンは切るときに表面がかたいので、最初は小さく刃を動かして切り込みが入ってから大きく動かす。2cm程度厚く切る。

ライ麦入りのもっちりパン

もちもちした食感を楽しみたいので、5mm～1cmくらいに、薄くカットする。上から刃を押しあてないこと。

第3章

工程ごとの失敗と疑問を解決

「こねる」「発酵」「成形」など、パンづくりの各工程の中で
よくある失敗や疑問について解説します。
各工程の意味を理解することで成功に近づけます。

基本の工程①

下準備編

下準備をすると作業効率がよくなる

パンづくりは必要な材料と道具を準備するところから始まります。単純なことに思うかもしれませんが、しっかり行わないとパンの仕上がりに差が出ることもあります。

生地をこねる台は台所のあきスペースやテーブルの上でもかまいませんが、製菓・製パンの材料店で発売しているボードやホームセンターにある厚手の木の板を購入し、台にするとより作業がしやすくなります。こねる台の広さが小さかったり動いて不安定だったりすると、こすりつけやこねがしっかりできません。最低でも50㎝以上の長さで、厚みが2㎝以上あり、動かないものを選びます。

作業前に次の材料準備を完了します。①事前にはかっておけそうな材料を計量 ②水の温度を調節 ③バターや牛乳、卵などを室温に戻す ④使用する道具の準備。

イーストは生きているので、混ぜたら作業を中断できません。途中で準備してなかったということがないように、始める前にレシピと照らし合わせて確認をしましょう。

計量をするときの注意点は？

計量と温度調整が大切

下準備で最も大切なことは材料の正確な計量と温度調整です。

計量の際、針のはかりでは誤差が出ることがあるので、1g単位で表示されるデジタル製のはかりの使用をおすすめします。

とくに、塩やインスタントドライイーストなどは使用量が少なく、パンのふくらみなどに影響を与えかねないので注意を。たとえば、0.5gをはかりたい場合、先にはかりで2gを計量し、紙に広げて4等分すると計量の失敗が起きにくいでしょう。1g単位ではかれるはかりでも、0～10gは100%正確ではありません。とくに家庭用のはかりだと難しいのです。

温度調整をするときに気をつけたいのは、材料の温度と室温です。イースト菌は30～40℃で活動しやすくなるので、水は季節によって温度を変えます。バターや牛乳などの材料はレシピによっては事前に冷蔵庫から出して室温に戻しておく必要もあります。

材料準備のコツ

1. 計量は重量で行う

誤差のでやすい容量（ml）ではなく、重量（g）ではかる。たとえば小麦粉100mlは110gとイコールではないので、単位の表示には気をつけて間違えないようにする。水もしっかりはかりで計量を。

2. 水の温度を調節する

イーストが働きやすいように目標とするこね上げ温度がある。水は生地の温度に大きく影響する材料なので、夏や冬は気温変化に合わせて水温を調節する（18ページ参照）。

温度計でしっかりとはかってから作業を。

3. バターや牛乳は適温に

冷蔵庫から出したばかりの食材は冷たいのでこね上げ温度に影響がある。作業を開始する約1時間前に室温に戻すようにする。なお、レシピ中にある「室温」とは20～25℃をさし、外れているときは冷蔵庫から出す時間を調節すること。

4. 脱脂粉乳はラップをする

脱脂粉乳は湿気を吸うとすぐにかたまり、こねるときにダマとなって残りやすい。計量したらすぐにラップをし、使用する直前まで外さないようにする。

ラップをして湿気から守る。

基本の工程2

こね・たたき編

生地をこねて グルテンをつくる

パンづくりの工程の中で最も大切なのが「こね・たたき」です。この作業の完成度が低いと、発酵で思ったようにふくらまなかったり、成形しにくかったりと影響が出て、最終的によい焼き上がりになりません。

「こね・たたき」は生地中のグルテンという膜を形成するために行います。この膜はイーストが発するガスをキャッチする骨組みとなり、パンにボリュームや弾力を与えます。

弾力があってかみ応えのあるパンや歯切れがよいパンなど、求める食感によって必要なグルテンの強さは違います。単に材料をひとまとめにするのではなく、生地全体のかたさを均一にしながら、段階を経てこね進めていくということを意識しましょう。

グルテンの形成は外的刺激によってできます。「たたく」という表現をしていますが、力まかせに台にたたきつけるのではなく、効率よく生地を動かすのが大切です。詳しくは左ページから紹介している正しい「こね・たたき」を確認しましょう。

台にこすりつけるときのポイントは？

均一になるまでこすりつける

グルテンは小麦粉に水が十分に吸収されないと形成されません。そのため、ボウルで材料を混ぜたあと台にこすりつけ、生地を粉気のない粘りのある状態にします。粘りが出る前にたたき始めると、ほかの材料が混ざりきる前にグルテンが形成されて生地内の成分が均一になりません。この状態ではよいグルテンはできづらいのです。最低でも2～3分は台へこすりつけを行います。

advice1 手のひら全体を使う

生地を台にこすりつけるときは、手のひら全体を使うと効率よく混ぜられる。かたい部分の生地をつぶすように、台に押しつけながら動かすとよい。

advice2 できるだけ大きく上下に

生地はせまい範囲で動かしていても全体がうまく混ざらない。できるだけ大きく上下に動かせば一度の動きでよく混ざる。

advice3 指についた生地を落とす

こすりつけが終わったら生地を集め、手についた生地もカードで落として混ぜる。こねている途中も生地を落としながら進めるが、完全に乾燥すると混ざりにくくなり、ダマになるのでまめに落とすこと。

one more

生地はすべて取り出す

ボウルに生地が残っていると、配合バランスが変わってしまったり、分割時に量が足りなかったりすることがある。カードを使ってボウルの中や手についた生地を集めてからこすりつけをする。

手ごねがいまいちうまくできない

生地に合わせてこね方をかえる

菓子パンやバターロール、食パンなどのやわらかい生地のパンは、こね始めは生地がよくベタつきますが、打ち粉をせずに生地がまとまってくるまで根気よくこねます。

ベーグルのようにかたいパンは、たたかずに押してこねます。たたくときに生地をふり上げても伸びにくいので、台の上で動かして押すようにこねると、生地の動きは変わらずにラクにこねることができます。

生地がかたいとき

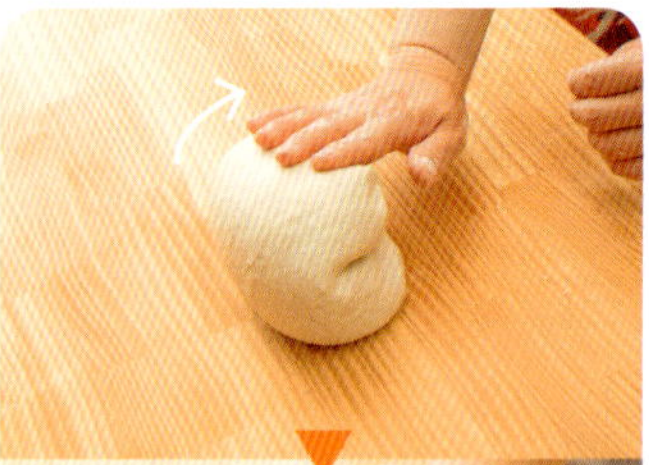

1 生地を2つ折りにする

生地を奥から手前へ2つ折りにする。

2 合わせ目に手をおく

生地を台に押しつけながら、転がすようなイメージで奥に押す。

3 生地を押す

合わせ目がちょうど真上を向くところまで押す。

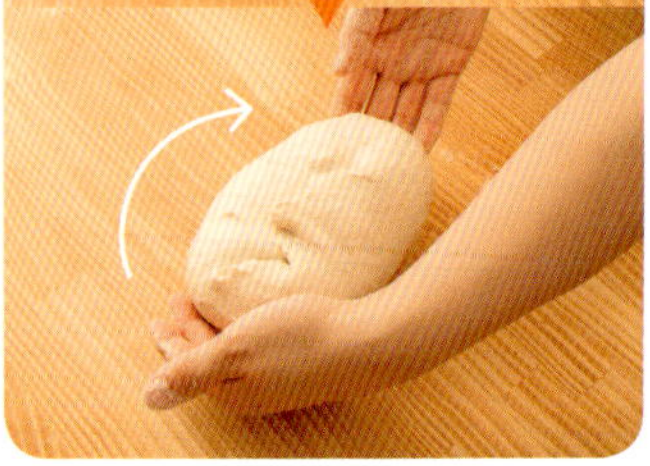

4 90度まわす

合わせ目が縦になるように生地を90度まわす。再び1の工程に戻り、グルテンができるまでくり返す。

生地がやわらかいとき

1 生地を持ち上げる

生地を両手で横からはさむように持ち上げる。手のひら全体ではなく、指先だけで持つ。

2 生地をたたく

台にたたきつけ、生地の下半分だけを台に落とす。

3 生地をかぶせる

たたきつけた生地の上に持っていき生地をおおいかぶせる。

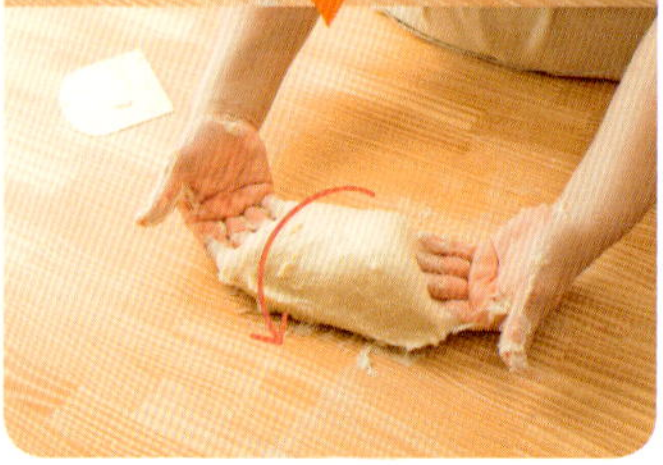

4 指を抜く

生地を奥までしっかりかぶせたら、指を抜く。再び1の工程に戻り、グルテンができ上がるまでくり返す。

たたくときには、毎回生地を90度の角度に変えてから行う。

生地を片手でこねる方法を教えて

慣れてきたら片手で

156ページで紹介した両手のこね方は、どちらかというと初心者向けの方法です。パンづくりに慣れてきたらぜひ片手でこねるのをマスターしたいところ。片手でこねるほうがリズムよくスピーディになり、生地をうまくこねることができます。片手で生地を、あいたほうの手でカードを持ち、生地をかき集めながらたたくと、やわらかいパン生地でもラクにこねることができます。

片手でこねる方法

1 生地を持つ

カードで生地を集め、生地の横の底に指を差し込み、生地をつかむ。

2 生地を持ち上げる

生地全体が浮くまで持ち上げる。

3 生地をたたきつける

生地をふり下ろして生地の下半分を台にたたきつける。

4 生地をかぶせる

たたきつけた下半分の生地におおいかぶす。

5 指を抜く

最後までかぶせたら、指を抜く。ふたたび1の工程に戻り、グルテンができるまでくり返す。

one more

カードで生地をすくう

ブリオッシュのように砂糖やバター、卵などの副材料の多い生地はベタつきが強く、台につきやすい。生地を持ち上げるたびにカードで生地をすくうようにかき集めながらこね進めるとよい。

正しいこね上がりがわからない

すんなりのばせればグルテンができた証拠

生地をこねてつくったグルテンは、網目状に絡み合ってイーストが発生するガスをキャッチする膜を形成します。はじめはキメが粗いですが、グルテンが強くなるにつれて密に絡んでキメがそろい、生地の弾力が増します。さらにこねていくと生地はしっかりとつながり、のびがでてきます。そのため、薄くのばしても破れない膜ができ、すんなりとのばすことができるようになります。

こね時間と生地の様子

（例：バターロール）

こね上がり		バター後	バター前	
グルテンがあまり生成されておらず、生地のつながりが弱いので、薄くのばそうとすると破れる。膜がのびるというより、生地が広がるイメージ。	やわらか過ぎる 	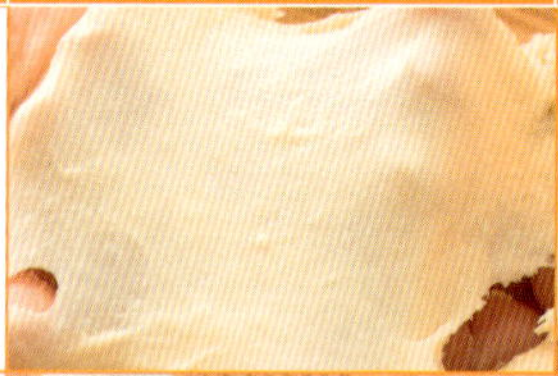	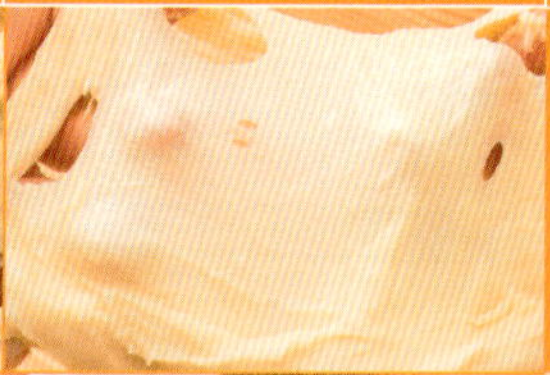	こね10分
生地はまとまっているがまだやわらかい。グルテンは形成されつつあるが、膜がまだ均一ではない。グルテンは弱いのでのばしやすく、すーとのびてしまう。	やわらか過ぎる 			こね20分
適止。生地に弾力があり、表面はつるんとしてひとまとまりになっている。グルテンは指が透けてみえるほど薄くのびる。風船がふくらむように膜がのびるイメージ。	弾力がある 			こね30～40分
こねることで生地の表面が張るので、カットしたときに外側に層ができる。グルテンが強くなっているので、のばしたときに生地が戻ろうとし、かなり抵抗がある。	弾力がある 			こね50分
表面がさらに張るので、カットした断面の外側に層ができる。全体も張って生地が丸く盛り上がっている。グルテンは強くなって40分こねたときより戻る力が強い。	弾力があり過ぎる 			こね60分

※バターを入れるタイミングは、それぞれのこね時間の半分のころ。

こね・たたきの失敗と疑問⑤

時間通りこねてもグルテンがうまくできない

こね・たたきのスピードが遅いため

本書ではこね時間の目安を表記しています。しかし、レシピ通りの時間に行ってもグルテンの膜がうまくできない人もいるでしょう。それにはこねるスピードとこね方に原因があると思われます。

こねるスピードは、パンづくりの熟練度や器用さによって違います。その差はプロで約90回／分、初心者は約25回／分と3倍以上違うこともあります。これでは遅い人が同じ時間こねてもグルテンができないのも当然といえます。本書では目安時間は約80回／分の速度で考えて表記していますので、一度自分の速度を計速してみるとよいでしょう。

前にも述べましたが、グルテンをつくるには生地を引っ張るなどの外的刺激が必要です。こね・たたきに慣れていない人や間違った方法で覚えてしまっている人は、効率よく生地を動かせておらず、同じだけこねてもグルテンの形成があまり進んでいないことも考えられます。

こね・たたきの失敗と疑問⑥

確認するとき生地をうまく広げられない

NG! 同じ方向のみのばす

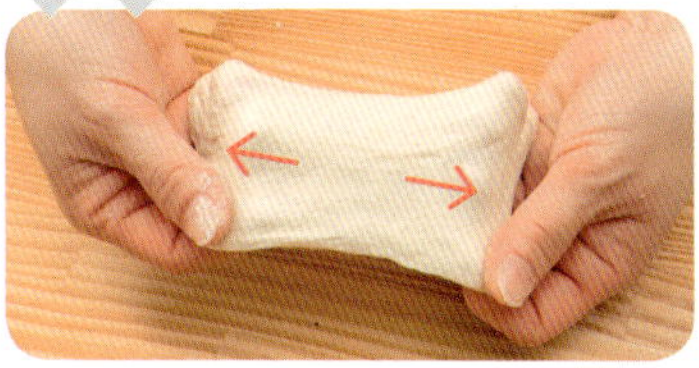

グルテンができているかを確認するときは、生地をただ引っ張って広げるのではダメ。両手で小刻みに動かし、回しながら広げていく。

生地の広げ方

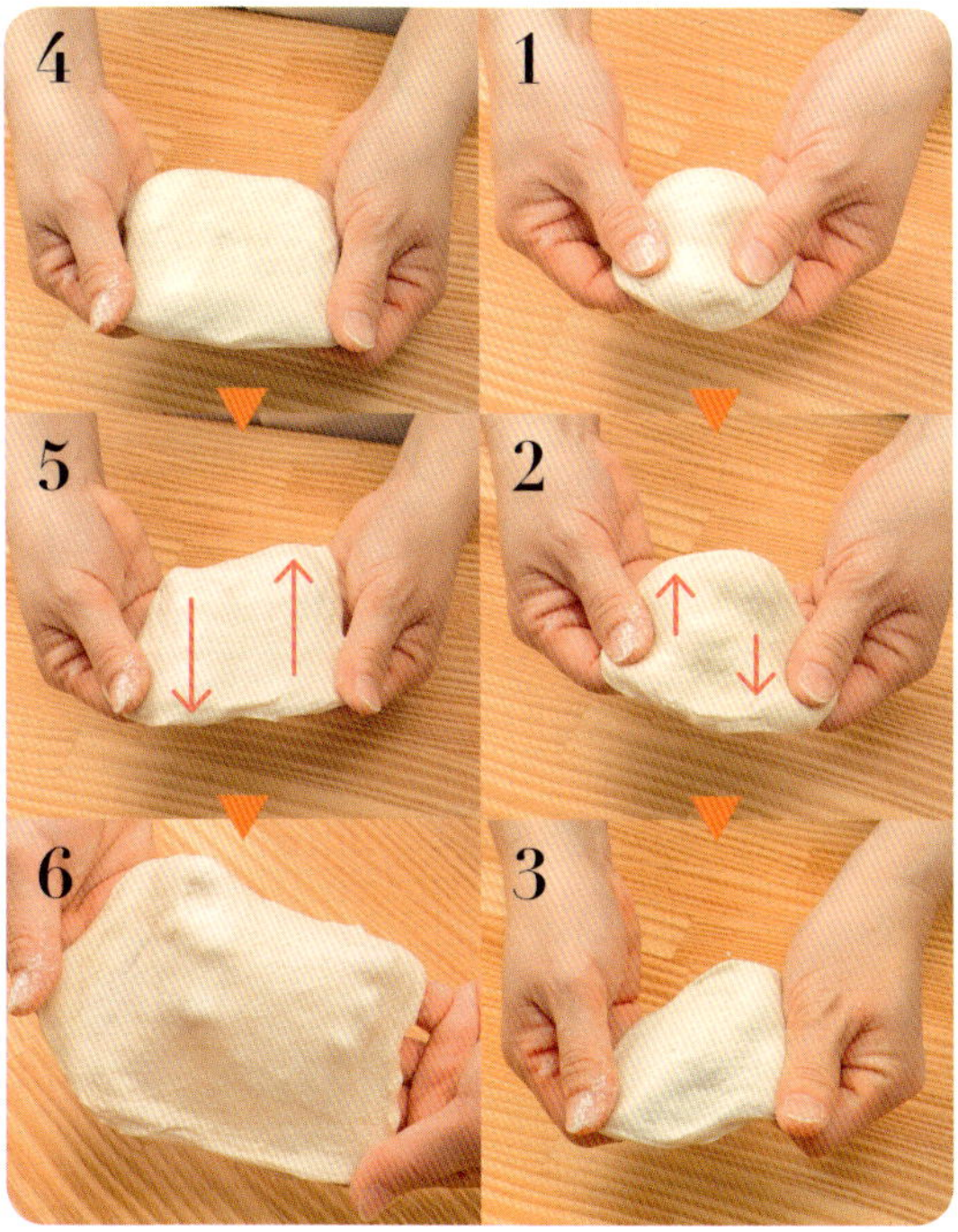

基本の工程3

発酵編

イーストの力で パンをふくらませる

イーストが生地の中で糖を栄養としてガスを発生させ、グルテンの組織に入ると、生地がふくらみます。これを発酵といいます。

「発酵」の工程では、イーストが働きやすい環境を整えることが大切です。温度28〜35℃、湿度70〜80％がベスト。

生地が発酵すると、発酵前よりも1.5〜2倍ほどの大きさになります。大きめのボウルを用意し、生地はさわったときにしっとりとした状態を保ち、乾燥しそうな場合はラップをします。逆に、水滴がつくほど湿るようなら、蒸気を逃がして調節しましょう。

家庭のオーブンレンジに発酵機能があるなら、それを利用しましょう。

また、発酵にはイーストが発するアルコールや有機酸によって、パンに独特の香りや風味を生み出す役割もあります。発酵時間が長ければ長いほど、風味は強く複雑になります。しかし、必要以上に発酵をとり過ぎるとアルコール臭がきつくなるだけでなく、食感がパサついたり、見た目が悪くなったりするので、決められた時間内で調整しましょう。

こね上げ温度がずれたら発酵はどうする？

こね上げ温度とイーストの関係

レシピ通りに発酵温度を設定しても、生地の温度が低いと、イーストの活動がにぶってふくらみが悪くなります。また、逆に生地の温度が高いとイーストが活発に働き、発酵し過ぎます。

そのため、こね上げたときの生地の温度はとても重要です。こね終えたら生地の中心まで温度計を差し込んで温度をはかります。パンの種類によって理想のこね上げ温度があるので、調整しながら作業をしていきます。その温度にならなくても±2℃以内に収まるように心がけましょう。

生地の温度を決定づけるのは、粉や水、バターなどのパンの材料、冬と夏とでは大きく違う室温、作業中に伝わる手や機械からの熱です。こねるときはこれらの影響を考えながら、理想のこね上げ温度になるように調節します。とくに、「水」は分量が多いので影響が大きく、温度調整もしやすいので、こね上げ温度を調節するのに利用されます。

温度がずれたときは

1. 高いときは

こね上げ温度が理想より高いときは、イーストが活発になって発酵スピードが上がりやすい。発酵をとる場所の温度を少し下げて、レシピ時間より早めに様子をみる。

2. 低いときは

こね上げ温度が理想より低いとイーストの活性も低くなる。働きやすくなるように発酵温度をほんの少し上げるとよい（5℃以内）。レシピ時間より発酵に時間がかかることがある。

こね上げ温度を左右する要因

1. 水の温度

パンの主材料のひとつで配合率が高いため大きく影響する。室温が22〜28℃くらいなら、水道水を使っても問題はない。冬や夏に室温が変わる場合には水温調節が必要（18ページ参照）。

2. 粉の温度

冷蔵庫に保存している場合は要注意。冷えていると、こね上げ温度が下がるので、1時間以上前に取り出し室温に戻しておく。ただし、暑い日は逆に直前まで冷やしておくこと。

3. 副材料の温度

副材料の中でも卵、牛乳、バターは普段冷蔵庫に保存しているため冷えているので、それぞれ室温に戻しておくこと。とくにバターはかたいとうまく混ざらないので気をつける。

4. 室温

レシピにある「室温」は20〜25℃前後を指す。夏や冬は大きく外れるので空調で環境を整える。ただし、生地に風があたると乾燥の原因になるので注意する。

5. 体温・機械の温度

人の体温は生地の温度より高いので触れていると、手のあたたかさで生地の温度が上がる。また、ニーダーなどの機械は、こねているときにまさつが生ずるので、手ごね以上に生地の温度が上がりやすい。

発酵の失敗と疑問②

オーブンの発酵機能の温度が正しく設定できない

臨機応変に行動

家庭用の発酵器ではなく、オーブンレンジの発酵機能を使用している人も多いでしょう。しかし、メーカーによって温度設定が細かくできないものもあります。そういった場合は状況に合わせて対応します。たとえば、下記のように途中で室温で発酵させたり、設定が30℃と40℃しかなくレシピが33℃の場合は始めに1／3を40℃で行って後は30℃で発酵させたりと、途中で設定を変更させるなどの方法があります。

★こね上げ温度レシピ範囲内
★レシピの発酵温度30℃
★レンジの発酵機能が35℃以上しかない

解決！

★オーブンの発酵機能半分

▼

★室温で残り半分を発酵

one more

発酵機能がないときは

発酵機能がないときは発泡スチロールの容器に約40℃の湯を入れ、生地を入れたボウルにラップして少し何かで浮かせるようにして（直接湯に浮かべない）発酵させるとよい。または、あたたかいお風呂場など乾燥しにくくあたたかい場所ならOK。

発酵の失敗と疑問③

発酵終了のみきわめ方がわからない

ふくらみとフィンガーテストで確認する

発酵の終了は、「生地のふくらみ」と「フィンガーテスト」で確認します。

パンの種類によって発酵のふくらみは異なりますが、発酵をとる前の生地よりも明らかに大きくなっているはずです。

フィンガーテストは、生地に人さし指を差し込み、生地の弾力を確認します。指を抜いたときに穴がそのまま残る、または1～2割穴がふさがる程度なら発酵が終了しているサインです。穴が大きく戻ってしまうなら、発酵不足です。5分単位で時間を追加し、様子をみます。

逆に、全体がしぼんだり気泡が出ているなら発酵のとり過ぎです。この場合はもう取り戻すことができないので、次の工程へ移るしかありません。レシピに書かれている発酵終了の時間が近づいたら、まめに様子をみて発酵過多にならないよう注意しましょう。こね上げ温度が高かった場合は少し早めにフィンガーテストをして様子をみましょう。

①ふくらみでみきわめる

食パンの場合

食パンは弾力とボリュームがほしいのでしっかりとしたグルテンの膜をつくる。そのため、ふくらみは大きい。90分発酵。

ベーグルの場合

ベーグルはグルテンの膜が粗いうえに生地がかたい。そのため、ふくらみは小さい。30分発酵。

②フィンガーテストでみきわめる

レシピ通りの発酵時間をとったら、打ち粉を人さし指の第二関節までつけ、生地の中心に差して抜く。

NG! 発酵過多

穴が広がったり、生地全体がしぼんだり、表面に大きな気泡ができたりしたときは発酵のとり過ぎ。

OK! 発酵正常

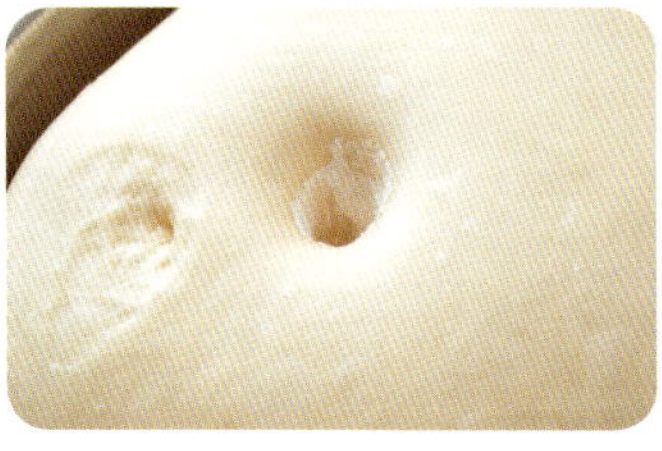

穴のサイズはそのまま、または1～2割しか戻らないときは発酵状態がベストな証拠。

NG! 発酵不足

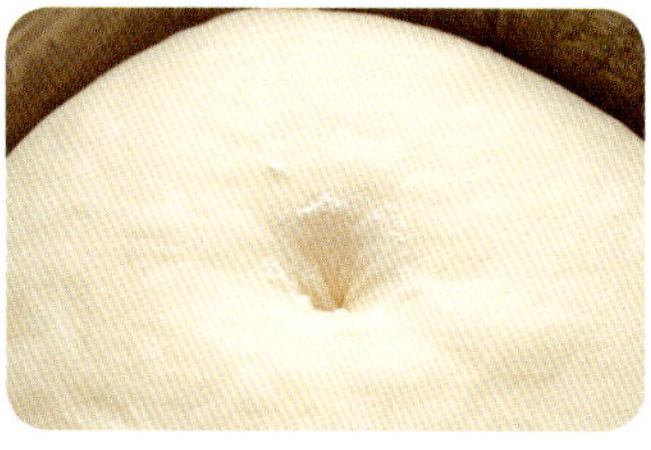

生地にまだ弾力があり、元に戻ろうと穴が少し小さくなる。5分追加して再度様子をみる。

発酵種ってなぜ必要なの？

水和をしっかり行う必要があるため

発酵種法（15ページ参照）を用いてパンをつくる場合、事前に発酵種をつくる必要があります。これは「水和《すいわ》」という反応を十分に起こすために重要な役割を担います。

「水和」とは、パン生地の中の、小麦粉と水の分子同士が結びつくことです。しっかり水和が行われると、焼き上がったパンの水分が保持され、しっとりとした食感、日持ちする効果にもつながります。

水和がしっかり行われるには、時間がかかります。そのため、前日から生地の一部を発酵させておきます。これが発酵種なのです。

ソフト系のパンは、砂糖やバター、卵などの材料が含まれ、それらが水分保持の役割を果たすため、発酵種は必要ありません。ハード系にはそのような材料がないので、発酵種がその役割を果たします。ハード系のパンをストレート法でつくることもありますが、風味が失われたり、パサついたりするスピードも早いため、早めに食べきりましょう。

水和のしくみ

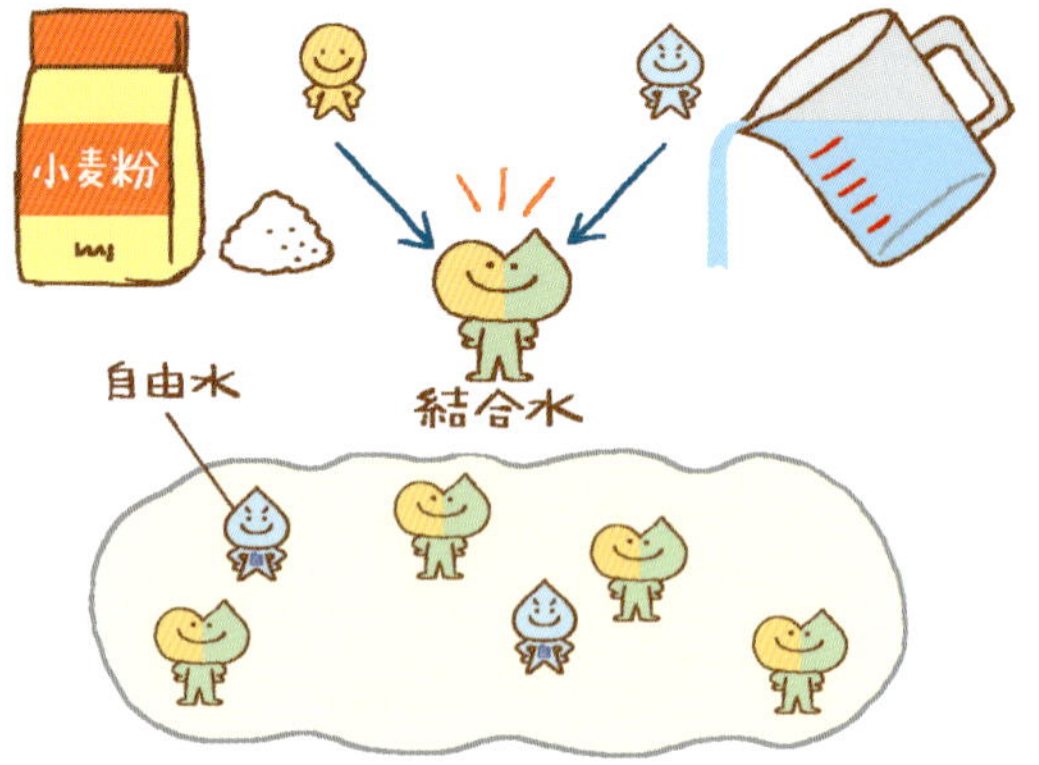

小麦粉に含まれるたんぱく質と水の分子同士がそれぞれくっつくと「結合水」ができる。これを「水和」という。

結合水ができると、焼き上がりのパンにしっとりとした食感を与える。結合せず水分子だけだと、焼成時に大部分が蒸発してしまう。

本書で発酵種が配合されているパン

- メロンパン（52ページ）
- チョココルネ（60ページ）
- グラハムブレッド（78ページ）
- 玄米ブレッド（79ページ）
- フランスパン（100ページ）
- ベーコンエピ（108ページ）
- カイザーゼンメル（110ページ）
- パン・ルスティック（111ページ）
- ミルヒヴェック（111ページ）
- ライ麦パン（118ページ）
- くるみ入りライ麦パン（125ページ）
- パン・ド・カンパーニュ（126ページ）
- パン・オ・シリアル（127ページ）
- パン・ド・セイグル（127ページ）

発酵種ってどのくらい発酵をとるの？

発酵時間に幅があるのには理由がある

種というのは少しだけ過発酵の状態のものが理想なので、糖分の少ない種の生地は発酵時間を長くかけます。イーストは糖を栄養として、活動が活発になりますが、シンプルな生地のパンには砂糖などが含まれていません。そのため、イーストの働きは通常よりもゆっくりになり、発酵に時間がかかります。

発酵種の発酵時間をみてみると、フランスパンなら1～2日、ライ麦パンなら15～20時間など、発酵時間に大きな幅があります。これは、配合中に塩が入っていたりするとその分、イーストの働きが抑制されるためです。低い温度なら約2日もたせることができます。ライ麦パンに使用した種は粉、イースト、水のみなので1日以上はもたないのです。

発酵種をつくることは面倒に感じるかもしれませんが、ハード系のパンをつくるときには必要不可欠な工程です。しっかりとした発酵種ができていると、グルテンの膜の形成がある程度でき、生地の伸縮性が高まります。

種にさまざまな種類がある理由

フランスパンの場合

生地の一部の粉を使って、事前に発酵種をつくる。冷蔵庫で1～2日発酵させる。

ライ麦パンの場合

生地の一部を室温で15～20時間発酵させる。糸が張ったような膜ができる。

メロンパンの場合

発酵種法の中でも「加糖中種法」（15ページ参照）を用いている。糖分を含んだ生地でも発酵しやすくするため。

基本の工程4

パンチ編

生地のキメをそろえ弾力を強化する

パンチとは発酵途中の生地を一度つぶしてガスを抜き、折りたたむ作業です。パンチはすべてのパンに行うわけではありません。主に食パンなどボリュームが必要でしっとりさせたいパンに行います。

生地をしっとりさせるには、「水《すい》和《わ》」という現象が大切です。粉類と水を混ぜてこねた生地中には、粉の分子と水の分子が合わさった結合水ができます。この状態を水和といいます。

生地の発酵時間が進むと生地内の水和が進みますが、水和は時間で進んでいくので、パンチを入れて発酵時間を長くとることにより、さらにしっとりとした生地に仕上がります。なおかつ、グルテンも強化されパンのボリュームも出るのです。

また、パンチをすることで生地内の大きな気泡がつぶされて、小さな気泡になり、パンの断面（クラム）がキメ細かになります。

パンチを行うときは、手のひら全体でやさしく押します。無理に引っ張るとグルテン膜が断裂されガスを閉じ込められなくなります。

パンチをするときの注意を教えて

正しいパンチ

生地をつぶしてガスを抜く

1. 打ち粉をした台に発酵途中の生地をひっくり返して取り出す。2. 手のひら全体に打ち粉をつける。3〜5. 生地の中心からていねいに押しつぶし、中のガスをまんべんなく抜いていく。

生地を折りたたむ

6〜7. 生地の右1/3を折りたたみ、左1/3もたたむ。8〜10 .上1/3を折りたたみ、下1/3も折りたたんで完成。閉じめを下にしてボウルに入れる。

気泡がまだらになる

中心からスタートしていない

いろいろなところからつぶすとガスの出口がふさがれ、均等に抜くことができない。中心から外へを心がけて。

グーで押す

パンチと聞いてグーでたたくことをイメージする人も。グーではなく、手のひらを使ってつぶす。

無理に引っ張ってのばそうとする

つぶすときに無理に広げようと生地をのばすと、グルテンの膜が傷つく。つぶす力で自然と広がるようなイメージで。

指先で行う

指先だけで行ったり、指先に力を込めて行うと、生地が凸凹になる。いろんなところに気泡のかたまりができる。

基本の工程5

分割編

生地はスパッといっきに切る

発酵を終えたら、パンそれぞれの成形するサイズに合わせた大きさに生地を切り分けます。これを分割といいます。

分割はただ切り分けるだけではなく、適正の重さにすることが大切です。個々の重量がバラバラだと焼成時間やホイロ時間に影響が出て、同じ食感を得られなくなることがあります。

生地は何個分取ることができるのか確認し、ひとつの大きさを予想してから切り分けます。40g程度の小さめの分割では、生地をある程度同じ太さの棒状にしてから行うと目安がつけやすいです。分割の作業を行っている間にもパンは発酵を続けているので、できるだけ時間をかけ過ぎないように分割することも大事です。

ソフト系のパンなどは比較的小さいサイズに分割しますが、ハード系のものはあまり小さいとクラストもかたくなるため、かた過ぎるパンになってしまいます。そのパンに合ったある程度の重量があるのです。

分割の失敗と疑問①

分割するときのやりやすい方法がわからない

カードの入れ方

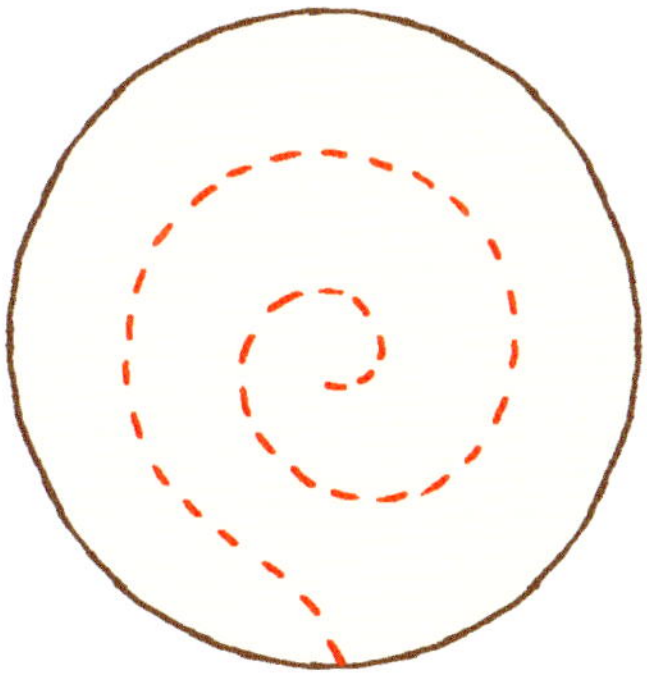

うず巻状にカットする

小さめの分割をするときは、生地の太さが一定になるように気をつけながらカードを入れる。入れる場所は左図のようにうず巻状にする。

上図の線に沿うようにカードを入れる

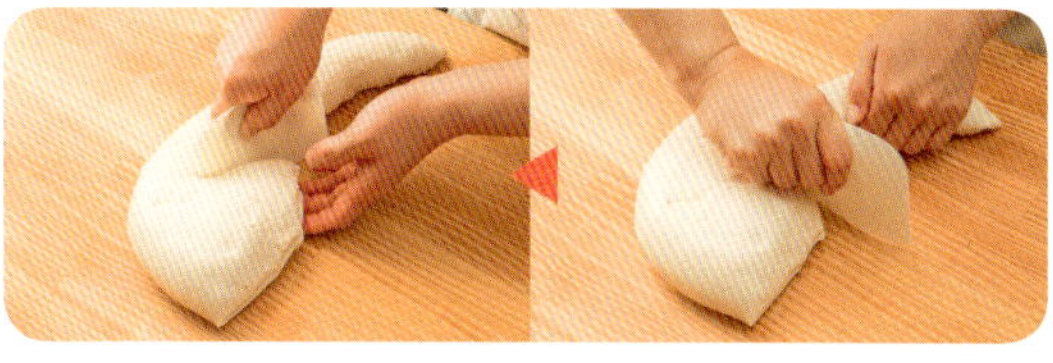

うず巻状に切って生地を広げると写真のように棒状になる。こうしてから分割すると生地の大きさを一定に分けやすい。

分割の失敗と疑問②

生地には裏と表があるの？

生地の表面が焼き上がりに出る

見た目ではわかりにくいですが、生地には表と裏があります。こねてまとめたときにつるんと張っている面が表です。工程の途中で、「表を上にして」など台へ置くときの向きが示されていることがあります。これは、焼き上がりに表が上を向くように考えられているのです。

分割や成形などを行う前には生地の向きを確認してから作業を始めましょう。

写真は食パンのパンチ後。つるんとした表を上に向けてボウルに入れる。

基本の工程6

丸め編

ゆるんだ生地を張らせる作業

分割した直後の生地は形がバラバラなうえ、切り口がベタつくため、一度丸めて表面をなめらかにしてから、成形しやすい形にします。

丸めという作業は発酵でゆるんだ生地の表面を張らせて緊張させることで、グルテンを刺激して生地を強化する効果があります。こうすることによって、生地内で発生したガスを逃さず保持することができ、ボリュームがアップします。

また、丸めには発酵によってできた気泡を細かくし、生地内で均一になるように整える効果もあります。

片手でまわすように転がして丸めます。そのほかに、フランスパンのようにグルテンをあまり強化したくない生地は、軽い力で巻くだけにしたり、ライ麦パンのように生地が繊細なものは7〜8割の力で丸めたりなど、生地の種類によって丸め方を変える必要があります。初心者には最初は難しいかもしれませんが、生地の表面を張らせるのはとても大事なことなので171ページ以降を参考に練習してみてください。

小さい生地の丸め方がわからない

NG!

表面にシワができたり、閉じめがみえていたりする。表面に張りはない。

OK!

あれている部分の生地は裏側に入り込み、表面がつるんと張って緊張している。

解決!

丸めの動き

手を猫の手の形にして生地をおおい、反時計まわりにまわしながら丸めていく。指と台の間に生地を少しはさんで、こすりつけるように回転させて生地を裏側に入れ込んでいく。

NG! ただ転がすだけ

手を丸くせずにころころ転がして丸くすると、表面があれてしまうだけ。そのため、生地はたるんでいる。

one more

うまく丸められないときは

シワがよるなどうまく丸められないときにおすすめな、少し時間はかかるが確実な方法。生地の対角線の角を下にのばして折り、角同士をくっつける。もう一方の対角線も同様に下に折ってくっつける。裏返して閉じめを指でつまんでしっかり閉じる。

大きな生地の丸め方を教えて

初心者向けの丸め方

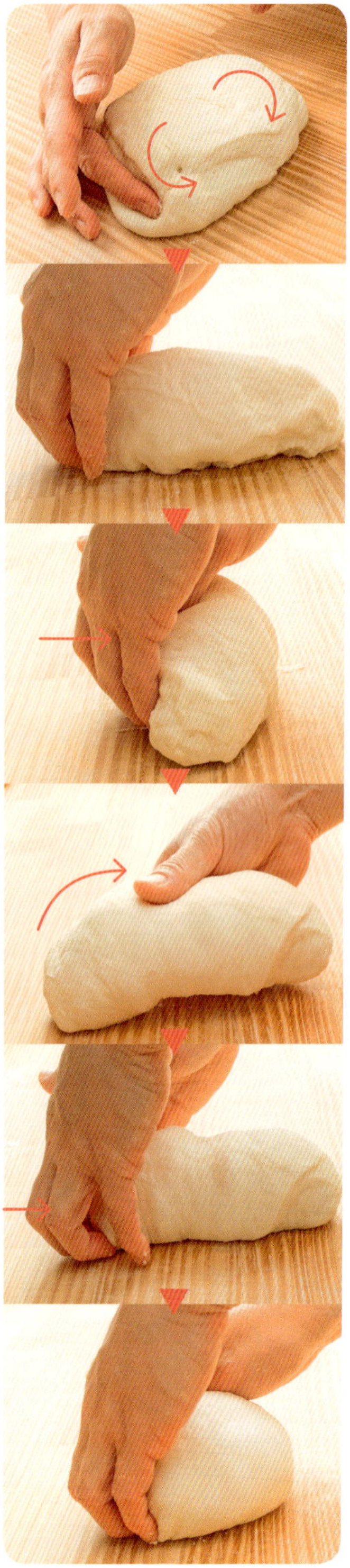

1 生地を置く

分割した生地を上下に対角線がくるように置く。このとき、生地の表面が上にくるようにする。

2 生地を持つ

両手で生地を抱えるように持つ。このとき、両手の指と台の間に少し地をはさむ。

3 手前に引く

奥から手前に生地を引き寄せ、はさんでいた生地を下へ巻き込む。

4 向きを変える

生地の向きを90度回転させて向きを変える。

5 数回くり返す

工程2と同様に生地を持ち、3、4のように手前に生地を引き寄せて向きを変える動作を3～4回行う。

6 表面を確認

生地の表面がきれいに張ってくればOK。

基本の丸め方

上からみると

生地の表面がきれいに張ってくればOK。

前からみると

指と台の間に生地をはさみ、まわしながら下へ押し込む。

どのくらい丸めればいいの?

生地切れを起こさないように

生地の表面がつるんとなめらかになり、上部に少し弾力が出る状態まで丸めます。力を込めて行ったり、丸まらないからといって何度も行ったりすると、生地に負荷がかかり過ぎて生地が切れます。こうなるとグルテンが傷つくうえ、生地がしまり過ぎて成形しづらかったり、膨張を阻害したりします。また、ライ麦パンなどゆるく丸める生地は、下の「ゆるい2」程度の丸め具合にします。

NG! ゆるい1	NG! ゆるい2	OK! ちょうどよい	NG! 強過ぎる

ゆるい1	ゆるい2	ちょうどよい	強過ぎる
表面が整っておらず、なめらかでない。	表面はなめらかだが張りが足りず、横に広がっている。	表面がなめらかで生地全体が張っている。	生地切れを起こして表面が凸凹になっている。

check

ハード系のパンはふんわりと

フランスパンなどのようなハード系のパンはあまりグルテンを形成しないのがコツ。丸めているうちに生地が張り過ぎないよう、丸めの作業では軽く巻く程度に。しっかりと丸くなくても、丸みを帯びた形になっていればOK。
※写真右はフランスパン

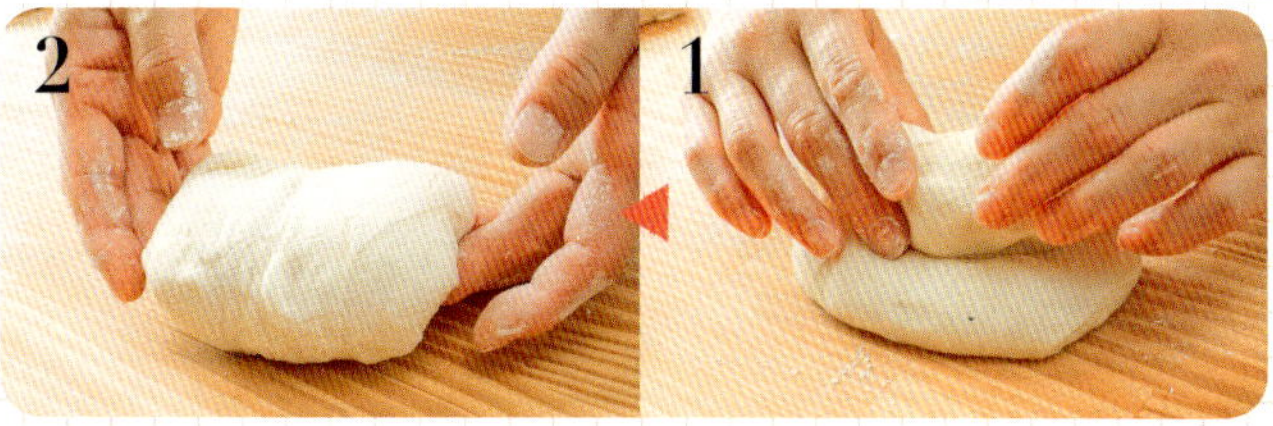

1 生地の裏面を上にしておき、ゆるい力で巻く。

2 閉じめを下にし、左右の角を生地の下に押し込む。

基本の工程7

ベンチタイム編

生地がゆるむのを待つ作業

丸めの工程の段階では生地はピンと張っています。このままでは生地がのびず、成形しづらいため、丸めた状態のまま、15～20分おいて生地を休ませることでゆるむのを待ちます。この工程が「ベンチタイム」です。

生地をゆるめるときは、温度と時間に気をつけないと、発酵不足や発酵過多につながります。

ここでいう室温とは20～25℃です。ベンチタイムの適温は本来30℃くらいなのですが、室温でも十分です。真夏や真冬など温度が大きく違うときは、発酵器の中に入れるなど冷えすぎないように場所を考えてください。

ベンチタイムの時間は最初の生地を丸め終えたところから、はかり始めます。最初と最後に丸めた生地の間には、どうしても数分の時間差ができるため、丸め終わりからはかると、最初に丸めた生地はベンチタイムをとり過ぎて発酵過多になります。発酵をとり過ぎるとでき上がりにも影響します。生地は丸めた順番に並べ、ベンチタイム終了後は最初に丸めた生地から順に成形していきます。

ベンチタイムの失敗と疑問①

ベンチタイム終了のみきわめ方は？

大きさと弾力で判断する

ベンチタイムは気温や生地の温度などによって少しずつゆるむスピードが違ってきます。終えるタイミングは、レシピの時間を目安として生地の大きさや弾力など状態をみて判断します。

生地は緊張していたものがゆるんできます。丸めた直後は弾力が強く、指で触ったときに張りを感じたものが、少しやわらかくなり指の跡が残るようになります。

ひとまわり大きくなる

ベンチタイム中もイーストの発酵によって生地はふくらんでいく。丸めた直後よりもひとまわり大きくなっていれば、十分に生地がふくらんでいる証拠。

ベンチタイムの失敗と疑問②

ベンチタイム中の注意点は？

乾燥しないように注意する

ベンチタイム中は乾燥に気をつけ、触ったときにしっとりしている状態を保ちます。湿度は70～80％が理想とされています。湿度が低いときは、ビニールをかけて生地の表面が乾かないようにしてください。とくに乾燥しやすい冬場や、エアコンをつけている室内では注意が必要です。

ビニールをかける

生地全体をおおう大きめなビニールをふんわりとかぶせる。ビニールは清潔なゴミ袋や大きめのラップでもよい。ぬれ布巾などの布類では生地が冷えるのでビニールを。

基本の工程8

成形編

スピーディに形を整える

成形とは、生地をパンそれぞれの形に整えることをいいます。成形の方法はたくさんありますが、どの方法でもうまく成形するには「ちょうどよい力加減」を覚えることが大切です。めん棒をかけるときの力や、生地を巻くときの強さが弱過ぎたり強過ぎたりすると、その後のふくらみに影響があり、でき上がりに差ができます。

力の入れ方は感覚の問題なので上達するには時間がかかることがありますが、回数をくり返して経験を積み、体で覚えましょう。

また、成形をするときは「スピーディ」に行うことも重要です。成形している間にもイーストは活動しているので、ゆっくり成形していると発酵が進み過ぎてしまったり、最初と最後の生地のふくらみの差が大きくなったりします。

きめ細かくやわらかいパンなどをつくるときには、成形時にしっかり生地の中のガスを抜きながら作業することも大切です。レシピを見ながら成形していると時間がかかるので、手の動きを覚えて作業するとよいでしょう。

めん棒は正しく使えてる？

めん棒使いが成功と失敗の分かれ道!?

生地にめん棒をかけるときには、力は均一にかけ、徐々に生地をのばしていくのがコツです。適当に転がすのはご法度。

下記にめん棒をかけるときに陥りやすい失敗を紹介しています。パン生地中のガスを抜くことを意識して、生地が台にはりつかないように注意しながら行いましょう。

NG! 中心ではない

めん棒をかけるときは、めん棒の端に両手をあてて中心に生地がくるように行う。どちらかにかたよっていると均等に力が加わらず、左右で生地の広がり具合や薄さが変わる。

NG! 力の入れ過ぎ

めん棒をかけるときは転がすようなイメージで行う。体重をかけて行うと生地がめん棒にはりつき、生地の表面がちぎれたようになる。またやわらかい生地などは、打ち粉をしてからめん棒をかけないと同様にはりつきやすい。

NG! 生地をこまめにはがしてない

めん棒をかけるたびに台から一度はがすようにする。くっついたまま続けて何度もめん棒をかけていると、生地の端が裏側にまわり込み、写真のように生地が二重になる。

NG! 打ち粉が多い

打ち粉をし過ぎるとめん棒をかけたときに生地が粉っぽくなり乾燥しやすくなる。打ち粉は台にうっすらでよい。また、ベタつく生地の場合ははりつかないように多めに打ち粉をする場合もある。

きれいな形に成形するには?

ガス抜きをしながら丁寧に行う

パンの種類によって棒状や丸型など成形は違いますが、ガス抜きをするというのはどれも共通のコツです。

とくにソフト系の生地などは細かくガスを抜きながら成形を進めていきます。下で紹介している棒成形もガスをしっかり抜くついでに形をつくっている、というイメージで行っています。

棒成形の方法

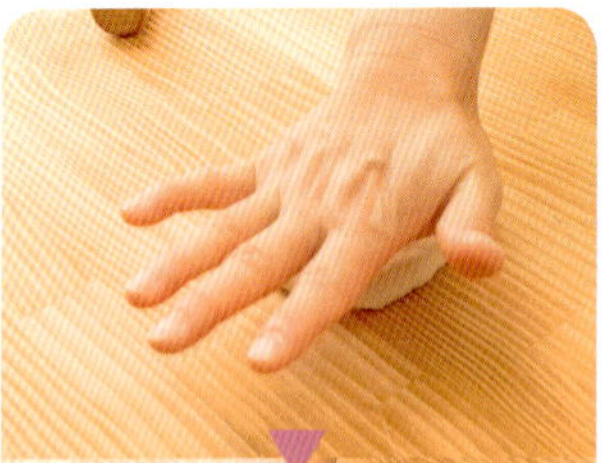

1 生地をつぶす

台に打ち粉をして生地の閉じめを上にして置く。手のひらでつぶして平らにし、生地のガスをしっかり抜く。

2 上部を折る

生地の上部1/3を手前に折る。

3 押さえる

手のひらを使って生地全体を軽く押さえつける。

4 回転させる

生地を180度回転し、折った側を手前に持ってくる。

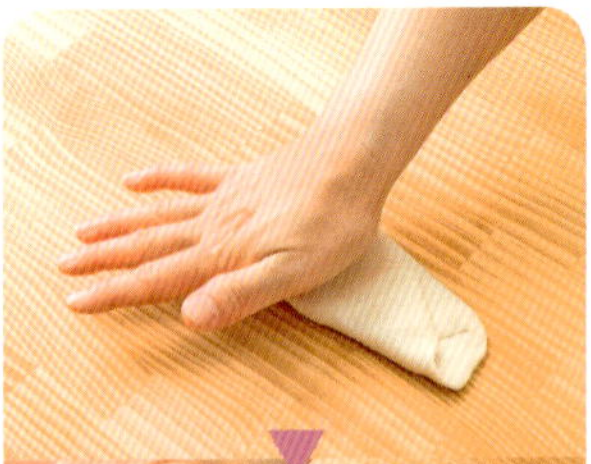

5 上部を折る

再度、生地の上部1/3を手前に折る。手のひらで軽く押さえる。

6 2つ折りにする

生地をさらに奥から手前に2つ折りにする。

7 閉じる

生地の端を軽く押さえつけ、しっかりとくっつける。手のつけ根で端を押さえることで、生地の表面が張る。

8 転がす

手のひらで転がして生地を棒状にする。中心を転がし、その両端から外側に向かって転がす。

成形した生地を天板に置くときまりはある？

生地同士の間隔を同じにする

成形した生地を何も考えずに天板に置くと、生地同士が近くなりがちです。間隔がないと、ホイロや焼成によって生地がふくらんだときにパン同士がくっついたり、熱のあたり方に違いがでて焼きムラになったりします。

生地を天板に並べるときには、生地1個分以上の距離をあけて置きましょう。また、個数が少ない場合でも、等間隔になるように置くように注意しましょう。

生地が7つのとき

1枚の天板に7つの生地を置くときは、3段で上から2つ、3つ、2つと生地を置けばよい。

生地が8つのとき

1枚の天板に8つの生地を置くときは、3段で上から3つ、2つ、3つと生地を置けばよい。この天板の場合、クロワッサンをこれ以上置くことは難しい。

※本書で使用している天板は42×32cmです。ご家庭の天板によって異なるので、あくまでも参考にしてください。

生地はひとまわり大きくなる

ブリオッシュや食パンなど生地が型に入っているときは型以上に大きくなることはないが、型の置く場所はあまりかたよらないようにする。

生地が6つのとき

1枚の天板に6つの生地を置くときは、2段で3つずつ置けばよい。生地は真横にして置くと左右の生地との距離が近くなるので、ななめにするとよい。

基本の工程 9

ホイロ編

再びふくらませてのびやすくする

成形したパンを再度発酵させることを「ホイロ」といいます。

ホイロの役割はふたつあります。ひとつは、発酵によってアルコールやそのほかの香味成分が増え、パン独特の風味が蓄えられることです。もうひとつは、成形によって締まった生地を発酵によってゆるめます。このふたつの働きで、焼いているときにパンがさらにふくらみ、ふっくら焼き上げることができます。

焼くときにもふくらませるために、ホイロは発酵のピークで終了します。力尽きるまで発酵させると伸張性や弾力性を損なってパンの骨格が弱くなり、しぼんでしまいます。焼き上がりはパンパンにふくらんでも、冷めるとしぼんでふっくらしません。また、逆に発酵が不足していると、生地の伸張性が十分でなく焼成時に発生したガスに耐えられずに生地が割け、ふくらみのないつまったパンになります。

ホイロはほかにも「後発酵」や「二次発酵」と呼ぶこともあります。

ホイロをとると生地はどう変化する?

生地がふくらむ

ホイロをとると、成形によって締まっていた生地が徐々にゆるみ、生地が1.5〜2倍にふくらみます。ホイロをとり過ぎるとイーストの力が限界になり、生地がだれて焼いてもふくらみも悪くなります。

ホイロの進み具合は焼き色にも影響があります。ホイロ中はイーストが糖を分解しているため、ホイロ不足のときは糖が多く残っているので焼き色が濃くなり、逆にホイロ過多な場合は糖が少ないため、薄いパンになります。

クープを入れる場合

ホイロの状態がよいとクープを入れても生地には張りが残っている（右）。ホイロをとり過ぎた生地はのびきっているので、クープ入れるとしぼみ、表面が凸凹になる（左）。

生地の変化

1 ホイロ20分の状態

生地はまだひとまわりしか大きくなっておらず、指で触れるとまだ締まっていて張りがある。

2 ホイロ40分の状態

生地がさらにふくらみ、巻かれた層の部分がふんわりとした厚みが出てきた。触ったときにまだ張っている。

3 ホイロ50〜60分の状態

ちょうどよいホイロ状態。約2倍に大きくなり、持ち上げようとするとつぶれそうな感じがある。

4 ホイロ70分の状態

生地がさらにふくらみ、指で軽く押すと跡がいつまでたっても消えない。

5 ホイロ90分の状態

発酵し過ぎて生地が支える力を失い全体がしぼみ、表面が凸凹している。

基本の工程⑩

焼成編

パンづくりの仕上げの工程

焼成とはパン生地をオーブンに入れて焼き、生の生地に火を通して食べられる状態にする作業のことです。パンの種類によって違いますが、ソフト系は200℃以上の温度で10～15分、ハード系は220～240℃の温度で20分以上焼きます。パンの表面（クラスト）は焼かれることによって、きれいに色づき、香ばしい香りを出します。

　パンは焼いている最中もイーストの発酵と気体の膨張によってふくらみます。生地の温度はオーブンに入れてから徐々に上がります。イーストが死滅するのは約60℃なので、それまで発酵をし続けて炭酸ガスを発生しています。生地の温度が60℃を過ぎたあとは、炭酸ガスが膨張して含まれていた水分が水蒸気になるため、パンはさらにふくらむのです。

　オーブンに入れたからといってすべてきれいに焼けるとは限りません。とくに家庭用のオーブンでは焼きムラも出やすく、ちょうどよい温度にすることが難しいため、コツを覚えましょう。

焼成の失敗と疑問①

予熱を始めるタイミングは？

予熱完了時間を把握しておく

生地はホイロ終了後も発酵を続けているので、卵をぬる、クープを入れるといった作業を手早く行い、すぐに焼き始めます。そのため、あらかじめオーブンを予熱しておくことが必要です。予熱をしていないとオーブン内が設定温度まで上がるのに時間がかかり、レシピ通りの時間では生焼けになることがあります。また、焼き足りないからといって加熱時間をのばすと、焼き上がりの水分量も少なくなり、かたくなります。

オーブンの発酵機能でホイロをとっている場合は、予熱の時間も計算に入れることが必要です。オーブンの性能によっては火力が弱く、ホイロ終了時間の少し前に予熱を開始しては間に合わない機種もあります。そのような場合は、早めに取り出し、室温でホイロを続けて予熱を始めます。あらかじめ、自分が持っているオーブンが予熱完了までに何分かかるか把握しておき、ホイロ終了からオーブンに入れるまでどのくらいの時間で予熱ができるか計算しておきましょう。

焼成の失敗と疑問②

天板二枚を同時に焼いてもよいの？

オーブンによって異なる

家庭用のオーブンの大きさでは、分割した生地すべてを一枚の天板で焼くのは難しいので、多くの場合、二枚に分けます。

ガスオーブンの場合は、火力が強いので2枚の天板を同時に焼いても大丈夫です。レンジオーブンのような電気オーブンの場合は、かなり火力が強いものでないと難しいので、きれいに焼きたいなら一枚ずつ焼くことをおすすめします（216ページ参照）。

one more

焼き待ちのときはビニールを

天板1枚ずつ焼くときは先に成形したものを優先に焼き、あとに焼くほうにビニールをかけて乾燥しないようにする。卵をぬるなど焼く前にすることは、焼く直前にする。

焼き色が足りないとき焼き時間を増やしてよい？

時間ではなく温度を上げる

焼くときの温度や時間は、パンの水分量や外側（クラスト）などが、それぞれの理想の状態になるように設定されています。しかし、オーブンの性能の差によって焼き過ぎたり焼き足りなかったりします。そんなときは、焼けてないから時間を追加するのではなく、始めから設定温度を10～20℃上げて、時間がきたときに理想の焼き上がりになっているように調節します。

OK! 正しい焼き時間

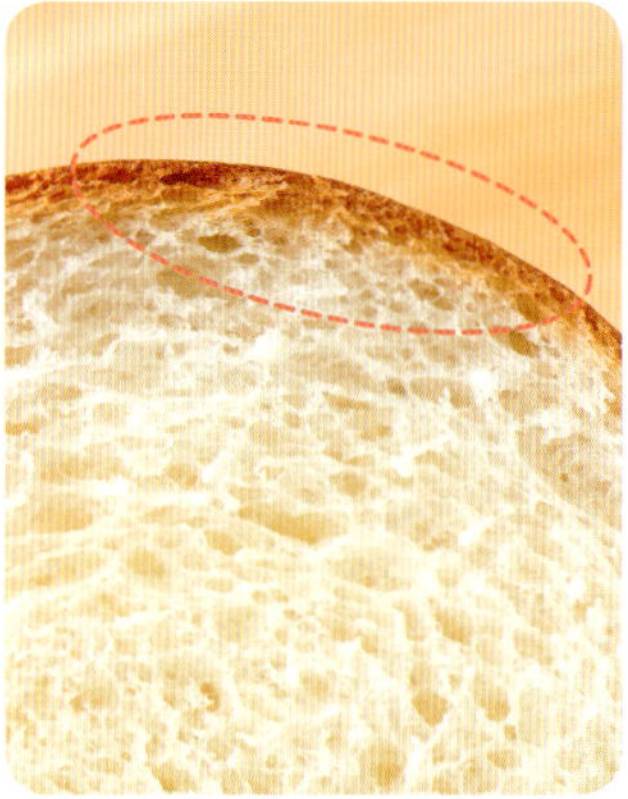

レシピ通りの時間で理想の焼き上がりになったバターロール。外側（クラスト）は薄く、内側（クラム）もキメ細やか。しっとりとした食感がある。

NG! 長時間焼いた

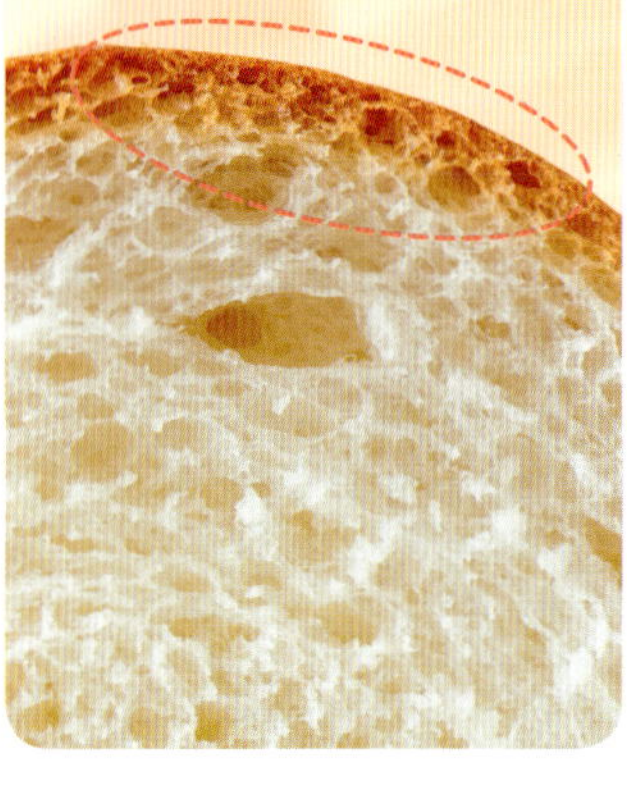

レシピ通りの時間焼いたが焼き足りなかったので、さらに時間をプラスして理想の焼き色まで焼いたバターロール。外側（クラスト）が厚くなっており、表面がかたい。焼き時間が長い分水分が飛んでいるのでパサつく。

解決！

途中で確認する

焼いている最中はレシピの時間がくるまで放置するのではなく、まめに様子をみるようにし、パンに色がつき始めたらパンの位置を入れかえてまんべんなく焼けるようにする。

オーブンの特徴を知る

ちょうどよい焼き色にするには、自分のもっているオーブンのクセを知ることが重要。一般的に予熱が10分以上かかるオーブンは火力が弱いので、本書よりも設定温度を上げておくとよい。

ハード系のパンに蒸気を入れるのはどうして？

パンの表面をパリッと焼き上げるために行う

フランスパンやライ麦パンなどハード系のパンは、焼く前に霧吹きで水をかけてパンをぬらします。焼成前にこの作業をすることで、ハード系特有のパリッとした外側（クラスト）になります。

パン生地をぬらすと、表面に火が通って固まるのが遅くなり、生地の表面がのびやすくなります。すると、焼くときに生地がスムーズにふくらみ、ボリュームのあるクラストの薄いパンに焼き上がります。

また、焼くときには高温が絶対条件です。ぬらしたパンの表面の水蒸気が結露して水の粒子がつくと、生地内の小麦粉と反応して糊状になります。高温で焼くと、表面が乾燥して独特のパリッとした食感が生まれるのです。

ハード系は吹きかける水の量が少ないと、表面の皮がかたく焼き上がります。ハード系はたしかに皮がかたいのですが、蒸気を入れることで、皮を少しでも薄くなるようにしているのです。

霧吹きの手順

生地だけでなく周囲にも水をかけたら、すぐに高温で焼き上げます。

1 パンに水をかける

熱した天板の上にオーブンシートごと生地をのせる。パン生地に直接霧吹きでたっぷりの水をかける。

2 まわりに水をかける

生地のまわりの天板に霧吹きで水をかける。

3 再度、パンに水をかける

もう一度、パンに霧吹きをして急いでオーブンにもっていく。

Column❷

天然酵母のパンとは？

天然酵母とは、果実や穀物に自然についている酵母のことをいいます。
市販のイーストとくらべて焼き上がりなども変わってきます。

果物や穀物の菌を利用した風味豊かなパン

市販のイーストは自然界に存在する酵母の中からパンづくりに最適な酵母だけを選び、人工的に培養してつくったものです。これに対して天然酵母は、果物や穀物などにもともとついている天然の酵母を自然の力で培養したものです。市販のイーストには1種類の酵母しかありませんが、天然酵母には複数の酵母が存在します。そのため、市販のイーストでは仕上がりがほとんど同じなのに対し、天然酵母では幅広い仕上がりになります。香りや風味もさまざまです。

天然酵母のパンを家庭でつくる場合は、レーズンなどのドライフルーツやライ麦粉からつくるのが一般的です。保存は条件がよければ冷蔵庫で2週間ほどもつこともあります。ただし、温度管理もデリケートなので、発酵時間などは読めないこともあるので注意してください。

天然酵母でつくるパンが難しいといわれるのは、菌がどのくらい繁殖しているかがわかりづらいためです。菌は目には見えないので、市販のイーストのように、何gで何分発酵をとるというわけにはいきません。

通常、生イーストには1gに100億以上、インスタントドライイーストには1gに350億以上の酵母菌がいます。天然酵母の場合、菌の数がわからないため、イーストの菌と同じように酵母菌を育てていくのは難しく、発酵の時間や温度によって、焼き上がりに影響が出てしまいます。そのため、天然酵母のパンを上手につくるには、ある程度の知識と経験が必要になります。

写真は左から、りんご、レーズン、ヨーグルトでつくった天然酵母の液種。

こんなものから生まれる！

ドライフルーツ

レーズンやりんご、そのほかの果物でもつくることができる。もとになる発酵液をつくるのには４日～１週間ほどかかる。

ライ麦

ライ麦粉で種をつくると、PH値も酸性に近づいていき、少し酸味のあるパンができる。そのため、サワー種という呼び方もする。

第4章

パンづくりの材料と道具の役割

「小麦粉」や「イースト」などの材料はパンの仕上がりに
大きな影響を与えます。特徴を知ってパンづくりに役立てて。
また、賢い道具の扱い方も覚えましょう。

おいしいパンはこの材料からできる!

パンづくりに使う材料

基本の材料は４種類。これにいくつかの材料をプラスすることで、パンの食感や風味を特徴づけられます。それぞれの材料の役割を知っていると、失敗の解決にも役立ちます。

パンの材料は意外とシンプル。基本の４種類の材料の配合や、追加する材料によって、味わいが決まる。

基本の4つの材料

3. イースト

英語で「酵母」を意味し、パンを発酵させる材料。イーストには生イースト、ドライイースト、インスタントイーストがある。

▶詳しくは196ページ

4. 塩

塩は生地に味をつけるほか、イーストの発酵を調整したり、生地を引きしめたりするはたらきがある。

▶詳しくは202ページ

1. 小麦粉

水を加えると小麦粉に含まれるたんぱく質がモチモチした弾力をつくり出す。小麦粉の中でも強力粉は最もパンづくりに適している。

▶詳しくは190ページ

2. 水

唯一、温度調整がしやすい材料なので、この水の温度が発酵の進み具合にも影響を及ぼす。

▶詳しくは200ページ

パンづくりに欠かせないそのほかの材料

牛乳

牛乳の成分である乳糖が焼き色をつけたり、パンの風味を引き立てたりする。生地もやわらかくなる。本書ではブリオッシュに使っている。

卵

生地に混ぜることで、生地内の水分を保持する。生地を日持ちさせてくれる効果や、つや出しとして使われることも。

脱脂粉乳

スキムミルクともいう。牛乳より日持ちするほか、牛乳ほど使わなくてすむのでパンづくりには重宝される。使う直前まで空気に触れさせないこと。

砂糖

生地に甘みをつけるほか、パンをしっとりさせてくれる。
イーストの栄養分でもある。ソフト系のパンによく使う。

ライ麦粉

ライ麦粉は小麦粉と違ってパンをふくらませる働きがないので、やや重たいパンに。小麦粉にブレンドして使うのが一般的。

バター

パンづくりには食塩不使用のバターを使うことが多い。ただし、油脂なので大量に配合されているときはグルテンをつくるのを阻害するため、こね時間が長くなる。

モルトシロップ

モルトエキスともいう。大麦から抽出したエキスで、独特の風味がある。無糖生地のパンには必須アイテム。ハード系によく使われる。

ショートニング

植物性油脂のひとつで、無味無臭のためパンにはよく使われる。食感がふんわりと軽くなる効果がある。型への張りつきを防ぐため、型ぬり用に使うことも。

基本の材料1

小麦粉を知る

小麦粉はパンの骨格をつくる欠かせない材料です。パンがつくられる過程で小麦粉がどのように変化し、どのような役割を果たしているのかを理解すると、失敗の解決に役立ちます。

小麦粉のはたらきと効果

1. パンの骨格をつくる
2. 生地のふくらみを支える
3. 水分を吸収する
4. 弾力のある食感をつくる

「デンプン」と「たんぱく質」のはたらきが大切

パンの主原料は小麦粉です。小麦粉の成分はデンプン約70%、たんぱく質6.5~13%、水分15%、そのほか脂質やミネラルです。このうち、パンづくりに大きな影響を与えるのが「デンプン」と「たんぱく質」です。

水を含んだ小麦粉に、こねて刺激を与えると、たんぱく質から「グルテン」という物質ができ、生地が網目状に広がり、膜ができます。グルテンは粘性と弾力性があり、イーストが発生させた炭酸ガスをキャッチします。このガスによって内側から押し上げられ、生地がふくらみます。

デンプンは焼成時に力を発揮します。温度が約60℃以上になると生地中の水分を吸収し始め、温度がさらに高くなるとのりのように強く粘るようになります。これは「糊化（こか）」と呼ばれる現象です。

生地中の水分がある程度蒸発すると生地が固くなり、パンのボディに仕上がります。

小麦粉は、たんぱく質量の多い順に最強力粉、強力粉、準強力粉、中力粉、薄力粉に分類されています。このうち、パンづくりには、たんぱく質含有量が多く、グルテンがたくさんできる強力粉が多く使われています。

糊化とは…

温度が上がると、のりのように粘りが出る。

グルテンとは…

小麦粉
＋
水
＋
こねる（外的刺激）
＝
グルテンの形成

本書で使用した小麦粉

日清カメリヤ（強力粉）

100gあたり12gのたんぱく質が含まれている。キメが細かく、なめらかでしっとりとした食感のパンに焼き上がるため、食パンはもちろん菓子パンなど、幅広く口どけのよいパンをつくるときに適している。／日清フーズ

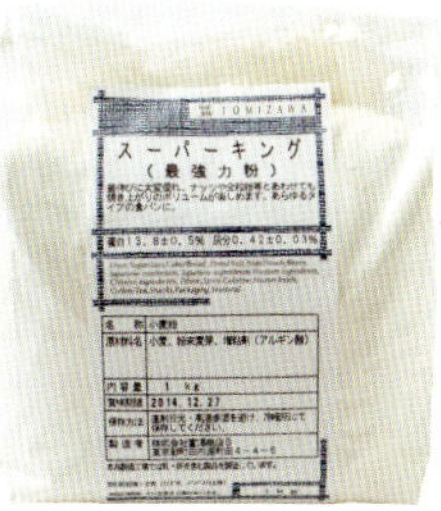

スーパーキング（最強力粉）

13.8±0.5%のたんぱく質を含む。弾力のあるパンに適している。主に食パンなどに使われる。焼き上がりから時間がたっても、ふんわりしなやか。／富澤商店

リスドォル（フランスパン専用粉）

10.7±0.5%のたんぱく質が含まれている。国内の多くのパン屋でも使われており、プロも認める味わいに仕上がる。フランスパンに多く使用されている。／富澤商店

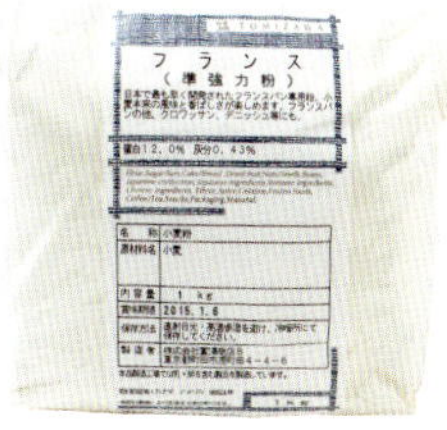

フランス（フランスパン専用粉）

12.0±0.5%のたんぱく質が含まれた、本格的なフランスパン、ハード系の粉。風味豊かな香りで、皮はサクッと薄いパンに仕上がる。／富澤商店

粉の種類とこねる強さがグルテンに影響

生地中のグルテンが強いほど、焼き上がりにしっかりとしたボリュームが出ます。グルテン成形に影響をあたえるのは、「小麦粉の種類」と「こねるときの強さ」です。食パンのように、とくにグルテンを強く出すパンには、たんぱく質含有量の多い最強力粉を使用し、グルテンの膜がしっかりとできるまでこねます。このように、パンに合わせて粉の種類とこねの強さを使い分けます。

★小麦粉の種類とたんぱく質量と用途

種類	たんぱく質含有量	用途
最強力粉	13.5～15%	主に食パンなどボリュームのあるパンに向く
強力粉	11.5～13.5%	主に菓子パンや調理パンなどに向く
準強力粉	10.5～12.5%	フランスパンなどハード系のパンに向く
中力粉	8.0～10.5%	うどんや中華麺など麺類によく使用させる
薄力粉	6.5～8.5%	お菓子や天ぷらなどの料理によく使用させる

Q グルテンってどんなはたらきがあるの？

A 粘りと弾力をつくります

グルテンのでき具合がパンの仕上がりに影響する

グルテンは小麦粉と水分を混ぜて、こねるなどの刺激を与えることで、たんぱく質内の「グルアジン」「グルテニン」が結びつき、「グルテン」になります。繊維が網目状にからまったような構造のグルテンは、粘りと弾力があり、グルテンのできがパンの仕上がりに大きく影響します。生地をこねたあとのタイミングで、生地の一部を広げ、グルテンができているかをチェックするのはそのためです。弱かったり、粗かったりする場合は、こね時間を追加します。

強力粉と薄力粉のグルテンの比較

強力粉

たんぱく質量が多く含まれているので、グルテンが強くなり、目の詰まった弾力のあるパンに仕上がる。

薄力粉

たんぱく質量が少ないので、イーストの力でふくらむが、弾力の弱いパンになる。

強力粉のグルテン

強力粉はたんぱく質の含有量が多いため、グルテンが強くできる。

薄力粉のグルテン

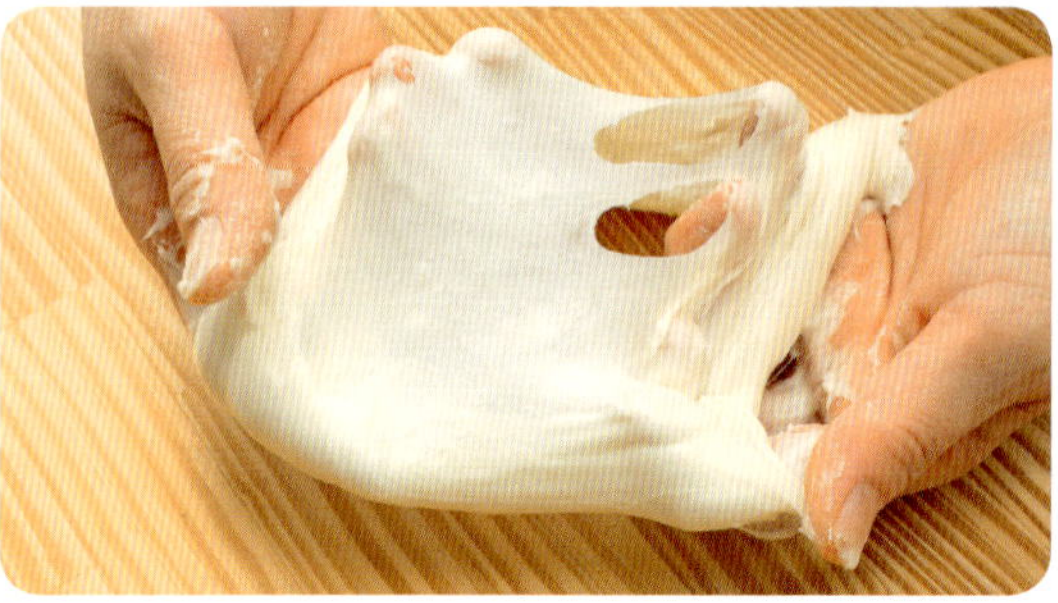

薄力粉はたんぱく質の含有量が少ないので、生地の粘りはあるが弾力は弱くなる。

パンの種類によるグルテンの調整

フランスパンなど

クラスト（外側）をパリッとした食感にするためには、グルテンをあまりつくらないようにする。フランスパン専用のたんぱく質量の少ない小麦粉を使い、あまりこねずに仕上げる。

食パンなどふっくらなパン

生地をよくこねてグルテンをしっかりつくると、弾力が出てふっくらとしたパンに焼き上がる。とくに食パンのようにふくらみを求めるパンはグルテンをしっかりつくるのがポイントになる。

グルテンを抑えたい！

あえて弾力の弱いパンにするためには、こね時間を短くするなどしてグルテンがあまりできないようにする。

生地をのばしたときに、少し厚みが残る程度でよい。

グルテンを強くしたい！

グルテンが強くなると、パンの骨格がしっかりとするので、弾力のあるパンに焼き上がる。

生地を広げたときに、指が薄く透けてみえる。

Q 小麦粉はどのように保存するのが正解？

A 小麦粉は温度の高い場所だと劣化しやすいため、保存するときには注意が必要です。涼しくて湿気のない場所に、密閉容器に入れた状態で保存するのが理想です。冷蔵庫で保存してもよいのですが、小麦粉はにおいを吸着しやすいため、においの強い食材や材料の近くには置かないようにしてください。

家庭向けに発売されている小麦粉は紙製の袋に入っていることが多いので、しばらく使わない場合は開封後は密閉性の高い保存容器に移しかえるようにしましょう。

湿気と害虫からしっかり守るのがポイント。

Q ライ麦粉ではグルテンができない?

A 小麦粉と性質が違うためできない

ライ麦粉の特徴を知ってパンづくりにいかして

ライ麦は小麦と同様に「イネ科」でとても似ている作物ですが、含まれている成分に違いがあります。

小麦粉に含まれているたんぱく質には「グルテニン」と「グリアジン」が含まれていますが、ライ麦粉には「グルテニン」が含まれていません。そのため、グルテンが形成されず膜ができないため焼き上がりのときにふくらみません。

ライ麦入りのパンは、小麦粉をブレンドして、グルテンの形成を補ってつくるのが一般的です。ライ麦の配合が多くなるほど、重量感とかみごたえのあるパンに仕上がります。

ライ麦粉と小麦粉のグルテンの違い

小麦粉

小麦たんぱく：グルテニン ＋ グリアジン

＋ 水

＋ こねる（外的刺激）

＝ **グルテンの形成**

こねると粘着性と弾力性が出る
↓
グルテンの膜ができる
↓
ふっくらやわらかな食感のパンに仕上がる

「グルテニン」と「グリアジン」という成分があるため、水を加えてこねることで、グルテンが形成され、強くしっかりとした膜ができるようになる。

ライ麦粉

グルアジン

＋ 水

＋ こねる（外的刺激）

＝ ✕ グルテンはできない

こねると粘着性のみが出る
↓
グルテンの膜ができない
↓
重量があり、しっとりとした食感のパンに仕上がる

ライ麦粉に小麦粉を混ぜた生地のグルテンのようす。膜が粗めになる。生地がべたつくのも特徴。

Q 全粒粉は小麦粉とどう違うの？

A 小麦粉すべてをつぶして粉にしたもの

栄養素を豊富に含み穀物本来の味わいを楽しめる

小麦粉は、小麦の胚乳の部分のみを粉にしたものです。これに対して、全粒粉は小麦の胚乳、表皮、胚芽のすべてを粉にしています。

そのため、食物繊維や鉄分、ミネラルなどの栄養素が小麦粉よりも豊富に含まれていて、全粒粉を用いたグラハムブレッドは人気のパンのひとつです。

ただし、全粒粉はグルテンができにくいため、パンにふくらみが出ません。使うときには、強力粉をブレンドしてつくるのが一般的です。発酵種法でつくるとよりよいです。

全粒粉の特徴

	全粒粉	強力粉
カロリー（Kcal）	328	366
たんぱく質（g）	12.8	11.7
脂質（g）	2.9	1.8
炭水化物（g）	68.2	71.6
カルシウム（mg）	26	20
鉄（mg）	3.1	1
亜鉛（mg）	3	0.8
ビタミンE（mg）	1.2	0.3
ビタミンB1（mg）	0.34	0.1
葉酸	48	15
多価不飽和脂肪酸（g）	1.44	0.91
水溶性食物繊維（g）	1.5	1.2
不溶性食物繊維（g）	9.7	1.5

※表は100gあたり「五訂食品成分表」より

上記の表から、カルシウムや鉄、ビタミンEやB1などの栄養価が、小麦粉よりも高いのがわかる。

全粒粉

※写真は細挽きタイプ

細挽きタイプ

そのまま小麦粉と合わせて使用できるが、粗挽きのものとくらべると食感はやさしい。本書ではハンバーガーバンズ（29ページ参照）で使用。

粗挽きタイプ

粒の粗い全粒粉の場合は、水に浸してやわらかくしてからつかう。本書ではグラハムブレッド（78ページ）で使用。

イーストを知る

使用する量は少ないですが、パンづくりに欠かせないのがイーストです。ここで紹介するイーストのはたらきを理解し、パンづくりに役立ててください。

イーストのはたらきと効果

1. パンをふくらませる
2. パン独特の風味をつける

イーストの発酵がパンのふくらみに一役かう

イーストとは「酵母」のことで、カビや細菌などと同じように自然界に生息する微生物です。パンづくりは、イーストが行う「アルコール発酵」をうまく利用しています。

アルコール発酵は、イーストが糖（ブドウ糖や果糖）を取り込み、炭酸ガス（二酸化炭素）とアルコール、エネルギーを発生させる反応です。イーストは3つの分解酵素「インベルターゼ」「マルターゼ」「チマーゼ」をもっています。これらのはたらきによってできたガスやアルコールがパンのふくらみや風味をつくり出します。

生地中で発生したガスは気泡になり、生地を押し上げるため、全体がふくらみます。

パンづくりの発酵の工程のはじめに、イーストが活動しやすい温度よりも少し低い25℃前後に設定します。あえて少し活動しにくい環境にすることで、ガスの発生を長く持続させるためです。また、ゆっくり時間をかけて発酵することで、パンの風味になる物質が生地中に蓄積されていきます。

イーストは生き物なので、パンづくりでは常にイーストの状態や環境を確認しながら作業を進めることが大切です。

イーストのもつ分解酵素

インベルターゼ	インベルターゼはショ糖をブドウ糖と果糖に分解するはたらきがある。
マルターゼ	マルターゼは麦芽糖をブドウ糖に分解するはたらきがある。
チマーゼ	チマーゼはブドウ糖、果糖を分解する働きがあり、炭酸ガスとアルコールに変える。

イーストのはたらきとパンがふくらむ理由

マルターゼを多く含む

インスタントドライイースト

粉や水に混ざりやすいように加工された、さらさらな顆粒状。小麦粉に混ぜて使用でき、ハード系のパンに適している。

ドライイースト

保存性を高めるため、生イーストの水分量をほぼ除いて粒状にしたもの。40℃以上の湯に溶いて10～15分おき、予備発酵させて使う。

ハード系のパンに向く

マルターゼ活性が強く、麦芽糖を分解するので、モルトシロップを使うハード系のパンに向いている。

インベルターゼを多く含む

生イースト

粘土状の固形のイーストで、水に溶かして使う。短時間で発酵するソフト系のパンをつくるのに適する。冷凍は不可。保存期間は冷蔵庫で2～3週間。

ソフト系のパンに向く

インベルターゼ活性が強いため、糖分の多いソフト系のパンをつくるのに向いている。

※本書では生イーストは耐糖性のものを、インスタントドライイーストはヨーロッパタイプのものを使用しています。

代表的なインスタントドライイースト

インスタントドライイーストは、スーパーや製菓専門店などで購入することができます。

つくりたいパンに合わせて選びましょう。

ホームメイド

ビタミンC添加タイプ。発酵力が強く、風味や焼き色に優れている。／共立食品

スーパーカメリヤ

予備発酵が不要な顆粒タイプで、小麦粉に混ぜて使うことができる。耐糖性。／日清フーズ

オーマイ　ふっくらパン

真空包装なので、長期保存が可能。予備発酵不要の顆粒タイプ。／日本製粉

耐糖性フェルミパン（brown）

フランス産のイースト。ブリオッシュや菓子パンなど粉に対して糖分15％以上ある生地に向く。ビタミンC入り。／日仏商事
※ビタミンC抜きのタイプもある。

サフ（赤）

生イーストの半分以下の量で優れた発酵維持ができ、安定性がある。フランスパンや食パンなど糖分の少ないパンに適する。耐糖性のサフ（金）もある。／日仏商事

Q　ビタミンC入りってどういうもの？

A　ビタミンCは生地中のグルテンに作用して、生地の弾力を高めるはたらきがあります。ビタミンC入りのインスタントドライイーストを使用すると、焼き上がりにボリュームが出て、失敗が少なくなります。ビタミンCなしのものも発売されていますが、プロ向けなので、入っているもののほうをおすすめします。

Q　「耐糖性」のイーストってどういう意味？

A　本来イーストは、大量の糖分と組み合わせるようにはつくられていません。糖が多い環境では、細胞が破壊されてしまい、発酵力も弱まります。「耐糖性イースト」というのは、浸透圧に耐久性が強いため、多くの砂糖の中でも耐えられるということです。糖分が10％以上の配合の場合、生イーストまたは耐糖性イーストを使います。

イーストにまつわる疑問①

Q イーストは工程中にどうはたらく？

A 加えた段階からすでに発酵はスタート

イーストの状態を見ながら作業を進めて

イーストは生きているため、生地に加えると活動が始まり、焼成まで活動が続きます。パンづくりでは、工程の途中に発酵、ベンチタイム、ホイロと、段階を経て生地を発酵させていますが、これは徐々に生地の温度を高めて、イーストのはたらきをコントロールしているのです。

たとえば、生地のこね上げ温度がレシピの温度よりも低かったからといって、急激に温度を上げようとしてはいけません。発酵時間を少し長めにとるなど調整は必要ですが、温度はあくまでも少しずつゆっくりと上げないといけないので、2～5℃くらい上昇させる範囲にとどめましょう。

イーストによる発酵

発酵後　　発酵前

イーストがはたらき、発酵が進むと生地が発酵前よりも大きくなるのが分かる。イーストが発生させたガスをグルテンの膜がキャッチしている。

こね上げ温度を確認したら、発酵をとる。発酵前は生地が小さい。

イーストの扱い方のPOINT

1. ただ温かい場所におくのでは意味がない
2. 生地の温度は“少しずつ”上げていく
3. こね上げ温度が目標よりも低いなら、発酵時間も足していく必要がある

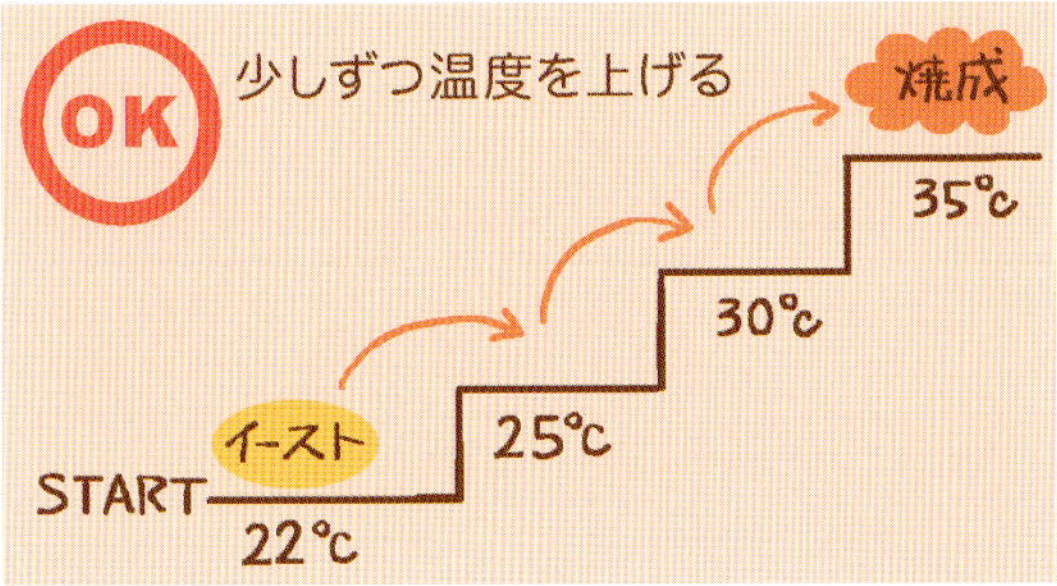

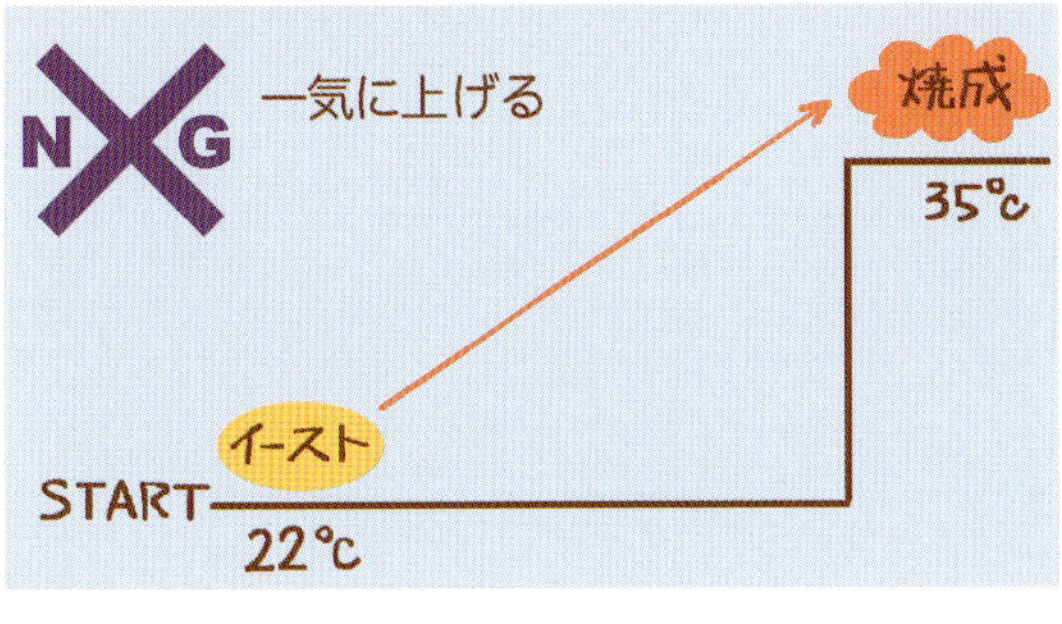

基本の材料3

水を知る

小麦粉の力を上手に引き出してくれるのが水の役目。水温や硬度によって生地に影響を与えることがあるので注意を。

水のはたらきと効果

1. グルテンをつくる
2. デンプンの糊化を助ける

小麦粉を支える役割がある

パンづくりにおける水の役割は、小麦粉のはたらきを引き出すことです。

小麦粉のたんぱく質からできる「グルテン」は水とこねるなどの刺激がなければ生成されません。また、小麦粉のデンプンは水と一緒に加熱することで、吸収して糊化（190ページ参照）を起こし、やわらかな食感のパンに仕上がるのです。

水なしでは小麦粉はパンになることができないといっても過言ではありません。

パンづくりに適した水はやや硬質な水だといわれていますが、日本の水道水でも十分においしくパンをつくることができます。ただし、水温には注意が必要です。

季節によって水道水の水温は変化するので、イーストのはたらきに影響することもあります。生地に加える前には必ず水温を温度計で確認するということを忘れないようにしましょう。

市販のミネラルウォーターを使用する場合には、硬度に注意しましょう。硬度が高い水だと、グルテンが強くなりすぎたり、発酵が遅れたりなどして、失敗につながることもあります。

生イーストを使うとき、水に溶かしてから生地に加える。

下準備の段階で水の温度をはかるのを忘れずに。

水にまつわる疑問①

Q

水は何℃に調節するの?

A

その日の気温によって変わる

水にまつわる疑問②

Q

ミネラルウォーターを使ったほうがいいの?

A

水道水でも構いません

水温を調節してこね上がりを適温に

下準備のときに水を適温にする理由は、イーストが活動しやすい環境にするためです。発酵に入る前の「生地のこね上げ温度」を適温にしなければならないので、水の温度が重要になってくるのです。

生地を手ごねすると、生地は室温に近くなります。水温は室温が22～28℃くらいの場合、水道水をそのまま利用しても構いませんが、夏や冬は注意が必要です。室温が15℃以下と低い場合は、水温は35℃に、室温15～22℃の場合は水を25～30℃に、29℃以上と高いときには、水を15℃に調節してから使います。

夏は温度が高いため、すぐに使う場合は氷を入れて温度を下げる。

アルカリイオン水の場合は注意

パンづくりに使う水は基本的に水道水で問題はありません。水にこだわってミネラルウォーターを使用しても構いませんが、アルカリイオン水は避けてください。イーストは弱酸性の環境ではたらきますが、アルカリ性や酸性が強い環境では、はたらきが鈍くなり発酵が進みにくくなるため、生地のふくらみが悪くなることもあります。

本書で紹介しているレシピはすべて水道水でつくっています。

基本の材料4

塩を知る

配合量は少ないですが、重要な役割があります。
おいしいパンに仕上げるために必要不可欠な存在です。

塩のはたらきと効果

1. パンの味を整える
2. 生地の骨格を安定させる

ほんの少量であっても、大きな影響力を発揮する

塩がまったく入っていないパンは、物足りない印象の味になってしまいます。少量入っているだけで、パンのおいしさを引き出し、味わいを調節し、決定づける大切な役割を持っています。

また、塩には小麦粉から生成されるグルテンの粘りと弾力を強化するはたらきもあります。塩によってグルテンの網目構造が密になり、焼き上がりがキメ細かでボリュームのあるパンになります。

さらに、塩には発酵の速度を抑制するはたらきもあります。塩があるとイーストのはたらきがセーブされ、発酵の速度が進みすぎず穏やかになります。ゆるやかに発酵が進むと、パンの焼き上がりがしっかりとするのです。

パンづくりに使う塩は、市販の精製塩でとくに問題はありません。ただし、天然塩などミネラルを多く含むものは、その分、主成分である塩化ナトリウムの量が少なく塩味が比較的感じにくくなるので、使う量に注意が必要です。

ただ、使用する塩は少量なので計算するのがややこしくなるため、市販の精製塩を使用するのをおすすめします。

Q 塩がなかったらパンはどうなるの？

A 塩を加えていない生地は、味気がないだけでなく、だれてしまい、焼き上がりにボリュームを得られなかったり裂けてしまったりすることも。また、塩には雑菌の繁殖を防ぐ効果があるため、塩がないパンは日持ちも悪くなります。

生地に対して塩が2%以上になると塩気が強すぎる印象になるので、分量は表記されたものを正確に守りましょう。

基本の材料5

油脂を知る

パンに油脂が加わると、なんともいえないコクが出ます。
パンづくりにはとくに固形状の油脂が使われます。

油脂のはたらきと効果

1. パンの味にコクを出す
2. パンがかたくなるのを防ぐ

独特の風味がパンに加わる

パンづくりには、バター、ショートニング、マーガリンなど固形の油脂を使うのが一般的です。パンに油脂を加える最大の目的は、パンに風味を出すためです。油脂を加えることで、外側が薄く、内側がふっくらとした食感になります。

また、焼き上がりに時間がたってもパンがかたくなるのを防ぐ効果もあります。これは油脂のコーティング作用で、パンの中の水分が蒸発しにくくなるためです。

本書では、とくにバターを使用しています。風味付け以外にクロワッサンやブリオッシュなどではバターのもつ「可塑《かそ》性」を利用しているシーンがあります。可塑性とは、かたい状態が力が加わることで粘土のように形を変えることができる性質です。生地に練り込むと、ふくらむときにその状態のまま生地と一緒にのびるので、ふくらんだ形を維持でき、焼き上がりにボリュームが出ます。

下準備でよく「バターを室温に戻す」という指示がありますが、冷蔵庫から出したばかりの状態ではかた過ぎて生地に混ざりにくいためです。しばらく室温において温度を上げ、指で押したときに凹むくらいのかたさにします。

Q バターとショートニングを併用するのはなぜ？

A レシピには、よくバターとショートニングの両方を生地に混ぜることがあります。ショートニングは水分などはなくほぼ100％油脂なので、サクッとした軽い食感を生み出します。バターは上記で説明した通り、独特の風味があるので、両方のよい性質を組み合わせて、パンの味や食感を調節します。

基本の材料6

砂糖を知る

砂糖には甘い味をつけるほかに、しっとりとした食感にするはたらきがあります。こんがりとした焼き色も砂糖のなせるワザです。

砂糖のはたらきと効果

1. イーストの栄養分となる
2. パンを日持ちさせる
3. しっとりとした食感をつくる

パンにおいしそうな雰囲気をまとわせる名脇役

砂糖は甘みをつける以外に、4つの重要なはたらきがあります。

①イーストの栄養になる

イーストは砂糖の主成分のショ糖をブドウ糖と果糖に分解して、アルコール発酵（196ページ参照）を起こします。しっかり発酵しなければパンはふくらまないので、砂糖がとても大切な役割をするというのも納得です。

②日持ちさせる

砂糖には水分を吸着し、保つはたらきがあるので、パンが日持ちし保存性が高まります。

③きれいな焼き色をつける

砂糖は生地を高温で加熱すると、たんぱく質と糖を含む食品が褐変する「メイラード反応」という化学反応を強めます。砂糖の配合の多いパンほど、焼き色がつきやすくなりおいしそうなにおいがつきます。

④水を吸着し、しっとりさせる

砂糖には「保水性」という性質があります。パンは焼成のときに生地中の水分が蒸発しますが、砂糖が配合されている生地の場合は、砂糖が生地中に水分を引きつけるため、しっとりとした焼き上がりになります。

焼き上がりのおいしそうなこんがりとした色は、砂糖の影響によるもの。

Q パンづくりにはどの砂糖が向く？

A 基本はグラニュー糖を使用

砂糖の種類と性質を知りましょう

日本では料理などに上白糖を使うのが一般的ですが、欧米では上白糖がないので一般的にグラニュー糖を使います。そのため、パンづくりにはグラニュー糖を使うことが多いのです。本書で紹介したレシピもすべてグラニュー糖を使用しています。

ただし、ない場合は上白糖で代用しても構いません。色のついている黒砂糖や三温糖などは砂糖の味の主張が強いので、どのパンにも向くというわけではありません。できるだけ白い砂糖を使うようにしましょう。

代表的な砂糖

パンづくりには主に**グラニュー糖**を使います

純度の高いショ糖の結晶。粒が小さくてサラサラとしているのが特徴。あっさりとした甘さ。

上白糖

ショ糖を多く含み、転化糖とミネラルをわずかに含んでいる。後を引く甘さがある。

粉砂糖

グラニュー糖をすりつぶしたもの。パンの仕上げにふりかけて使うこともある。

ブラウンシュガー

粗糖、二番糖、グラニュー糖にカラメルで着色したものなど、茶色の砂糖。

基本の材料7

脱脂粉乳を知る

パンにミルキーな風味と香りをつけるために必要な乳製品。これ以外の役割も理解して、おいしいパンづくりをしましょう。

脱脂粉乳のはたらきと効果

1. ミルクの風味と香りをつける
2. きれいな焼き色をつける
3. 生地がかたくなるのを防ぐ

風味づけが一番だが、焼き色をつけるはたらきも

パンに乳製品を加える場合は、スキムミルク（脱脂粉乳）を使うのが一般的です。なぜスキムミルクを使うのかというと、牛乳よりも安価で手に入り、保存期間も長く使いやすいためです。また、カルシウムやたんぱく質も豊富に含まれ、牛乳よりも脂肪を抑え、風味をよくします。

乳製品を使う目的は、ミルクの風味と香りを増すことです。さらにパンの表面の焼き色をきれいにつけてくれたりもします。

スキムミルクに含まれている乳糖は糖の一種なので、きれいな焼き色をつけることができます。

ただし、スキムミルクは湿気を吸いやすいという性質があります。そのまま放置していると空気中の湿気を吸ってダマになります。保存するときには、密閉容器で保管するようにし、パンづくりに使うときには、計量のあと使う直前までラップをして、空気に触れないように注意してください。

少しかための生地に配合されている場合などは合わせるのに時間がかかるため、その間にダマになることもあります。手早く混ぜることを心がけましょう。

Q 脱脂粉乳がなかったので牛乳でつくりたい

A 牛乳は水分だけではなく、乳糖や乳脂肪、たんぱく質などが含まれています。そのため、そのまま牛乳に置き換えてつくると水分量が変わります。脱脂粉乳10gの場合、牛乳100gを使用して水の分量を90g減らしてつくります。

ただし、牛乳に含まれる乳脂肪はプラスされてしまうので、配合バランスは微妙に変わります。

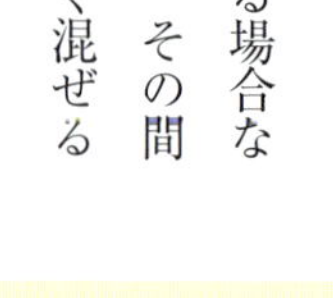

基本の材料8

卵を知る

全卵を使う場合と、卵白、卵黄に分けて使う場合とでパンの食感などが変わってきます。

油脂のはたらきと効果

1. パンの味にコクを出す
2. パンが固くなるのを防ぐ

卵に含まれる水分と油分を上手に使い分けて

パンづくりでは、卵白の配合が多いと、食感がパサパサになるため、全卵を使うか、卵黄だけを使うというケースがほとんどです。

卵黄は濃厚でコクのある風味をパンに与えます。成分の約1／3は脂質です。

本来、水と油は分離しますが、卵黄には均一に混ざる力があります。混ざった状態を「乳化」といいますが、卵黄には「レシチン」という乳化剤の役割をもつ成分が含まれています。そのため、生地になじみやすく、しっとりとやわらかな食感を生み出します。

バターロールや食パンなどでは焼成前に卵液を表面に薄くぬります。これは、卵黄に含まれるカロテノイド色素をオーブンで焼くことで、外側のクラムに黄色っぽい焼き色とツヤをつけるはたらきがあるためです。焼き上がりにおいしそうな印象を強めます。

ブリオッシュのように卵の配合の多いパンは卵黄に油脂が多いため、全体的にグルテンの生成を抑える配合になってしまいます。そのため、しっかりとこねてグルテンを強めるようにするのがポイントです。

卵白

卵白を多く使用すると、卵白に含まれるたんぱく質が熱によって凝固し、焼き上がったパンがかたくなってしまう。

卵黄

卵黄でつくることで、しっとりやわらかい焼き上がりのパンになる。

モルトシロップを知る

モルトシロップはハード系のパンをつくるときに必要です。発酵の安定と焼き色に影響を与えます。

モルトシロップのはたらきと効果

1. イーストの栄養分になる
2. 香ばしく焼き上げる

砂糖の代わりにハード系のパンを助ける

モルトシロップとは、発芽した大麦を煮出してつくる麦芽糖を圧縮したエキスです。粉末にしたモルトパウダーもあります。

主にフランスパンやライ麦パンなどハード系のパンに使います。ハード系のパンには砂糖が入っていませんが、モルトシロップを加えることでイーストのはたらきを助けてくれます。

また、フランスパンは砂糖を加えず、イーストも最低限の量でつくります。パンは通常、イーストが糖を栄養分にして発酵の手助けをしています。しかし、砂糖もイーストも少ないパンの場合、時間をかけて発酵させなければなりません。そこで、モルトシロップを加えると、含まれている麦芽糖とアミラーゼにより、安定した状態で発酵を促すことができるのです。

モルトシロップ

モルト
パウダー

モルトシロップの加え方

モルトシロップはねばねばしているため、そのままの状態でほかの材料と混ぜ合わせては均一に分散しにくい。そのため、あらかじめ分量の仕込み水に、モルトシロップを溶かしてからこねを始めるとよい。

基本の材料についてのQ&A

基本の材料の性質や工程中での作業について、素朴な疑問にお答えします。

Q1 一度溶けたバターは使える？

A バターがパンの生地にうまく混ざり合うのは適度にやわらかくした状態がベストです。溶けた状態だと水分が分離しているため、風味が落ちてしまいます。使えないわけではありませんが、パンの仕上がりの味が落ちるのは覚悟してください。

Q2 打ち粉に強力粉を使うのはなぜ？

A めん棒で生地をのばすなどの成形をするときに打ち粉をするのは、生地がベタつかないようにするためです。強力粉は粒子が粗くサラサラとしているので、生地が台やめん棒に広がりやすいのです。たくさん使うと生地の配合に影響が出るので生地にあった適量を心がけましょう。

Q3 モルトシロップはなくてもいいの？

A 大ざっぱにいうと、モルトシロップはなくても、パンはつくることができます。ハード系のような砂糖が入っていないパンの配合だと小麦粉のもつデンプンだけの糖分でパンを発酵させなければならないため、もちろん使ったほうがよいです。ただ、砂糖で代用するよりは配合からモルトシロップだけを抜いたほうがよいかもしれません。

Q4 水以外の材料を先に合わせておくのはなぜ？

A パンづくりのスタートでは、ほとんど、小麦粉や砂糖などの粉末の材料と、水は別のボウルで用意します。これは材料によって水を吸収するスピードが異なるためです。生地が均一に混ざるようにするため、粉類だけを合わせておくのです。

食感や見た目に変化をつけるときに活躍！

そのほかの材料

ナッツやレーズンなどの副材料をパンに加えると、食感や味にアクセントがつきます。自分好みのパンにアレンジしてみましょう。

ひまわりの種

生地に入れると香ばしさが増す。「パン・オ・シリアル」（127ページ参照）。

くるみ

刻んで生地に入れる。「くるみ入りライ麦パン」（125ページ参照）。

アーモンドスライス

「クグロフ」（45ページ参照）では型にはりつけてから生地を入れる。

かぼちゃの種

トッピングなどにのせるとカリッとした食感。「パン・オ・シリアル」（127ページ参照）。

アーモンドは形状違いで楽しめる！

アーモンドパウダー

八割アーモンド

アレンジに使うなら配合を邪魔しない程度に

ナッツや雑穀、レーズンなどを使うと、ひと味違った味わいや食感を楽しめます。レーズンといっても、定番のカリフォルニアレーズン以外にも、サルタナやグリーンのタイプなどもあるので、さまざまな味を試してみるのもおすすめです。

また、ナッツ類はそのまま生地に混ぜてもよいですが、ローストしてから加えると香ばしい食感を演出することもできます。

レーズンなどは乾燥しているものなので、

白けし

生地の表面につけてアクセントに。「アインバック」（29ページ参照）。

黒けし

生地の表面につける。「カイザーゼンメル」（110ページ参照）。

オートミール

えん麦という作物のもみ殻をつぶしたもの。「パン・オ・シリアル」（127ページ参照）。

あられ糖

パンのトッピングに飾ると、カリカリの食感も楽しめる。「パン・オ・レ」（44ページ参照）。

オレンジピール

生地に混ぜるとほどよい酸味と甘みが加わる。「クグロフ」（45ページ参照）。

コーンミール

とうもろこしの粉を粗めに挽いたもの。「イングリッシュマフィン」（93ページ参照）。

コリントレーズン

通常のレーズンよりも粒が小さいのが特徴。「パン・ド・セイグル」（127ページ参照）。

サルタナレーズン

カリフォルニアレーズンとくらべてさわやかな甘みがある。「クグロフ」（45ページ参照）。

パスティス

数種類のハーブからつくられるフランス産のリキュール。「パスティス ブーリ」（45ページ参照）。

生地から水分を吸収します。生地の配合の邪魔をしないよう、入れ過ぎには注意してください。

また、そば粉やオートミールなどの雑穀は食物繊維が多く、カロリーを抑えるのにも効果的。ただし、グルテンは形成しないので、これだけではふくらみません。

本書でも、「レーズンベーグル」（91ページ参照）、「くるみ入りライ麦パン」（125ページ参照）など、アレンジパンを紹介しているので、ぜひ挑戦してみてください。

Q 生の果物を加えるのはダメ？

A パン生地の場合、生地に生の果物をくわえるのは難しいです。果肉に水分が含まれているので、そのまま入れると生地がべたつき、焼き上がりに影響を及ぼしかねません。基本的に果物の風味を取り入れたいときは、ドライフルーツを加え、ラム酒漬けなどの場合は液体をしっかりきってから加えるようにしましょう。

道具と選び方

パンづくりに使う道具

少しずつ賢く集めて

パンづくりの道具は専用のものが多く、家庭のキッチンにはないものもたくさんあります。つくりたいパンのレパートリーが増えるにつれて欲しい道具も増えるでしょうが、すべて買っていてはきりがありません。

左で紹介する基本の道具は最低限そろえてほしいものです。代用できるものは工夫しながら、少しずつ道具を集めていくのが賢明でしょう。

基本の道具

はかり

材料を正確に計量するのに欠かせない。1g単位で計量でき、500～1000gまではかれるデジタルのものがよい。

カード（ドレッジ）

生地の分割や、ボウルの中の生地をまとめる、台についた生地をこそげとるなどの使い方ができる。

ボウル

材料を混ぜたり生地を発酵させたりするのに使う。直径10～30cmの間で大小いくつか用意を。ステンレス製のものが丈夫で使いやすい。

どのパンをつくるのにも必要な道具です。ボウルなど
よく使うものはサイズ違いでそろえるとよいでしょう。

めん棒

生地を薄く伸ばしたり、バターをたたくときなどに使う。長さは25〜35cmのものがおすすめ。

木の板(めん台)

生地をこねたり成形したりと、作業をするための台。厚みが2cm以上のものがよい。ホームセンターなどで購入可能。

波刃包丁(パン切り包丁)

焼き上がりにパンを切るための包丁で、波刃で刃渡りが長いのが特徴。サンドイッチなどに役立つ。

温度計

パンづくりの工程では、イーストが活動しやすい温度にするのが大切。水温や粉温、生地のこね上げ温度をはかるのに使う。

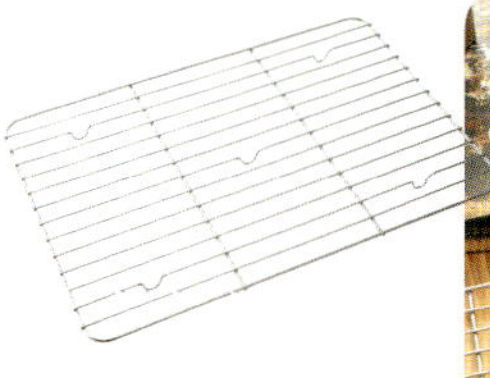

クーラー

焼き上がったパンを冷ますのに使う。オーブンから移動させたら完全に冷めるまで置いておく。

はけ

生地の表面に卵液をぬるなどの作業に使う。馬毛のものやシリコン製のものがある。

あれば便利ですが、すべてをそろえる必要はありません。
台所にある道具を使用してもよいでしょう。

あると便利な道具

茶こし

仕上げの粉砂糖をふるときなど、細かい粉状のものをまんべんなくふりかけたいときに使う。

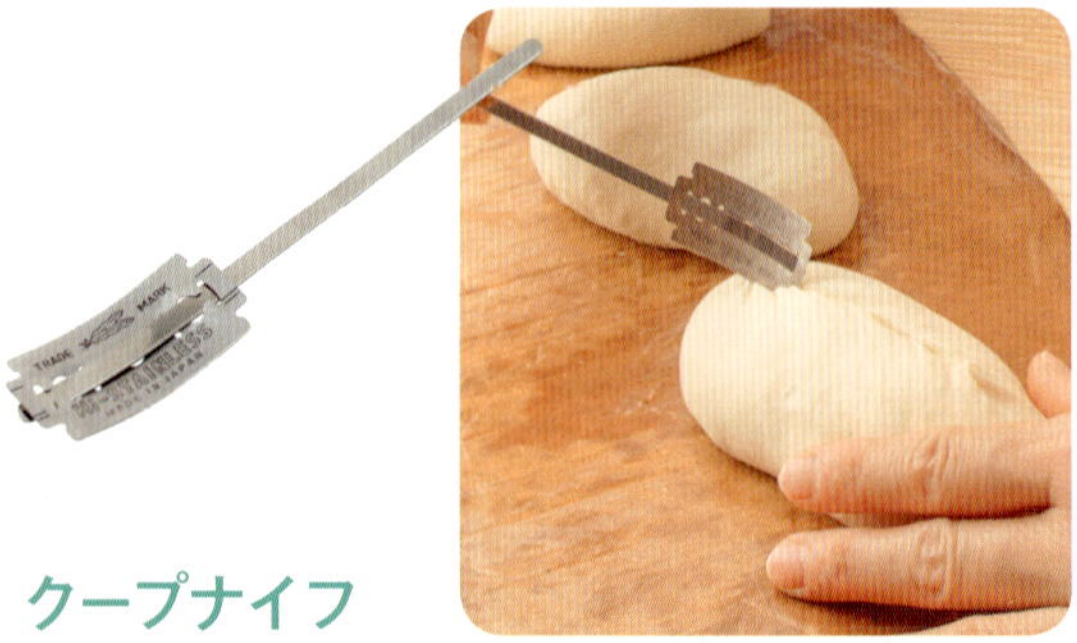

クープナイフ

ハード系のパンの生地の表面に切り込みを入れるために使う。

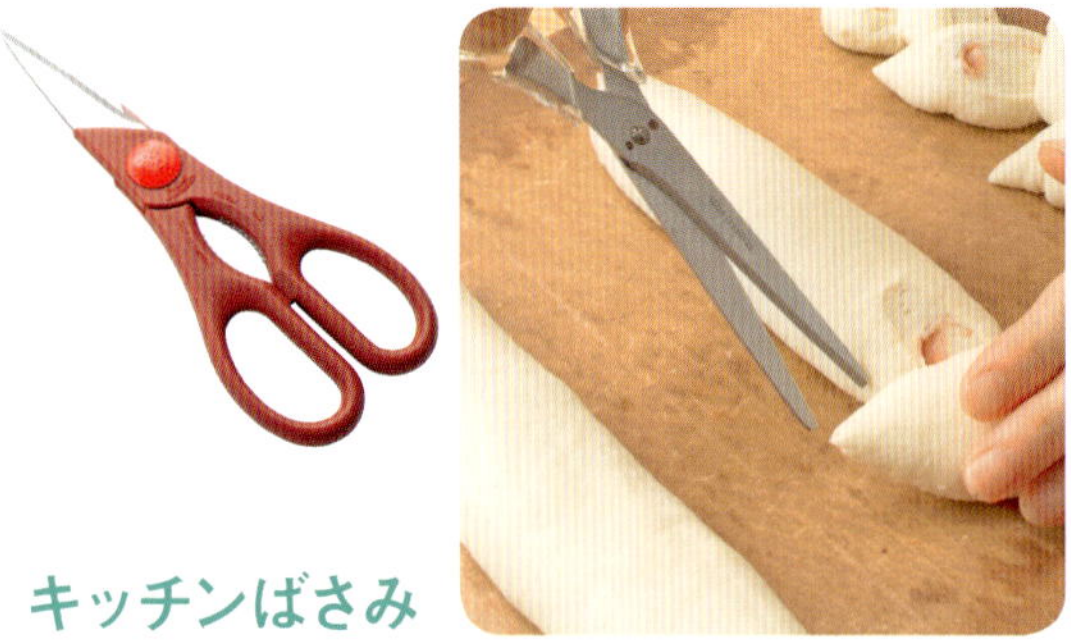

キッチンばさみ

ベーコンエピ（108ページ参照）では、生地を切って成形するのに使う。なければ、清潔な文房具のはさみでもOK。

パイカッター

クロワッサンなどをつくるとき、生地を均等な幅でカットできる。カットしたい形の厚紙を作り包丁でカットしてもよい。

オーブンシート

高温のオーブンに入れても大丈夫な専用シート。洗って何度でも使えて便利。

キャンバス地

ベンチタイムやホイロのときに使うと、生地がつきにくい。厚手の布やふきんでも代用可。

そのパンのためだけの専用型もあります。挑戦したいパンの型をそろえるのもパンづくりの楽しみに。

成形に使う道具

食パン（1斤用）

食パン型は底部より上部が広いのが特徴。写真は1斤用だが、ほかにも1.5斤用や3斤用がある。

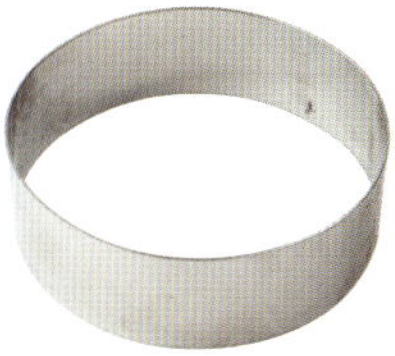

イングリッシュマフィン型（セルクル）

本書では直径9cmのものを使用。このセルクルの形通りにマフィンが焼ける。

クグロフ型

「クグロフ」（45ページ参照）の専用型。陶器製と金属製がある。陶器製は火の通りがやわらかいのが特徴。

発酵かご（シンペル）

「パン・ド・カンパーニュ」（126ページ参照）などのホイロをとるときに使う。なければざるやボウルに布を敷いたものでも代用できる。

ブリオッシュ型

「ブリオッシュ」（36ページ参照）専用の型で、大小さまざまなサイズがある。

カイザー型

「カイザーゼンメル」（110ページ参照）の表面に模様をつけるための道具。回転式なので、模様がきれいに残る。

役立つ道具1

オーブンを知る

普段自分の使っているオーブンの特徴を知っておくと、焼き上がりの状態をイメージできるようになります。オーブンの正しい扱い方を改めて見直してみてください。

オーブンの特徴を知って扱いを覚えましょう

パンづくりには高熱で一気に焼き上げるガスオーブンもありますが、最近は多機能のレンジオーブンを使う人が多いでしょう。

どちらの場合でも、気をつけたいのは庫内の温度です。200℃に設定していても、オーブンによってはずれてうまく焼けないことがあります。慣れるまでは、様子をみながらオーブンのクセを知るようにしましょう。

レシピの焼き時間の7～8割の時間で焼いたときに、庫内のようすをみて、焼き色のつき具合を確かめてみてください。色がつき過ぎる場合は温度を下げ、薄い場合は上げて調整します。

オーブンを使いこなすためのポイント

1. 自分のオーブンの“クセ”を知る
オーブンによって、上火だけまたは下火だけが強かったりという「クセ」があることも。知っておくと対処できる。

2. ホイロと予熱の時間を調整する
オーブンのホイロ機能を時間いっぱい使うと、焼成の予熱が間に合わなくなることも。タイミングを覚えて使う。

3. 予熱はしっかりとする
オーブン庫内の温度が低いと、パンをしっかり焼けないことがある。予熱はしっかりすることが大切。

4. 焼き色はこまめに確認する
レシピ通りの温度で焼いても、オーブンによって高すぎたり低すぎたりすることもある。こまめに庫内をチェックするとよい。

NG! 焼き足りないからと時間を追加する

焼成で大切なことはオーブンの温度と思われがちですが、オーブンはメーカーや機種によって、例えば同じ200℃でも強さが異なります。

焼き始めてから色づきが悪いからと、焼き時間を長くすることが多いかもしれませんが、これはよい方法とはいえません。大切なのは、焼き色ではなく焼き時間。焼成中はパンの水分が飛び続けているので、色づきが悪いからと時間を追加すると、必要な水分が失われてしまい、中がぱさついたり、冷めたときにかたくなったりしてしまいます。

レシピ通りの焼成時間はそのまま、途中で様子をみて温度を上げたり下げたりして調整したほうがよいでしょう。

オーブンの種類と特徴

オーブンレンジ

最高300℃の火力でパンをふっくら香ばしく焼き上げる。好みでスチームを投入できる機能もある。／パナソニック（NE-BS1100）

ヒーターで熱を発するのが特徴

火力が弱いものも多く、生地の水分の蒸発が少ない。やわらかな仕上がりの菓子パンやバターロールなど、ソフト系のパンが適する。メーカーによっては焼き上がりに差が出ることもある。

うまく焼くには

レシピに書かれている設定温度よりも少し高めにして焼くとよい。焼き上がり時間に近づいたら庫内をみて後半は温度を下げるなどして調整する。

ソフト系のパン向き

one more

ハード系を焼く場合は

オーブンの強さにもよるが、色がつくのに時間がかかってしまうオーブンの場合、設定温度を10～30℃高くして焼く。後半色つきが良すぎるときは、途中から温度を下げる。目安として普段バターロールを210℃できれいに焼けるならハード系は230～240℃でスタートを。

ガスオーブン

強火による熱で、パンなどを外側から包み込むように加熱する。熱風循環式なので、熱がまんべんなく行きわたる。／リンナイ

強い火力による熱で焼き上げる

火力が強く、庫内の温度が一気に上るので、パリッとした食感のハード系のパンに適する。設定温度が高いと、温度を下げたいときに時間がかかってしまうのが短所。

うまく焼くには

高温なため、レシピ通りの焼き時間では焼き過ぎる可能性がある。レシピより少し低めに設定し、焼き時間の後半で温度を上げて調節する。ときどき生地の位置を入れかえて。

ハード系のパン向き

one more

ソフト系を焼く場合は

ガスオーブンの特徴は、中についているファンがずっと回り続けていて、その風によってパンを乾燥させてしまう。やわらかく焼くには、少し温度を上げて短めに焼く。バターロールだと8～10分くらい。ただし、生地の焼き色をみて、ときどき向きを入れかえるのがポイント。

役立つ道具②

発酵器を知る

家庭用に持っている人は少ないかもしれませんが、パン屋には必ずある道具です。日常的にパンづくりをする人なら持っていて正解！

ほどよい湿度で発酵を正しく促す

発酵器はパン生地の発酵に適した環境を保つための機械です。パンの種類に合った発酵温度に調整でき、ほどよい湿度を保てます。透明窓のものも多いので、発酵のようすを確認できます。

発酵は室温でもできますが、冬や夏はとくに影響を受けやすく、乾燥も防ぎきれません。やはり発酵器を使って環境を整えたほうが確実といえるでしょう。

発酵器は相場で2〜4万円と、正直ちょっと高め。パンづくりを日常的に行う人にはおすすめです。折りたたんでコンパクトに収納できるタイプもあります。

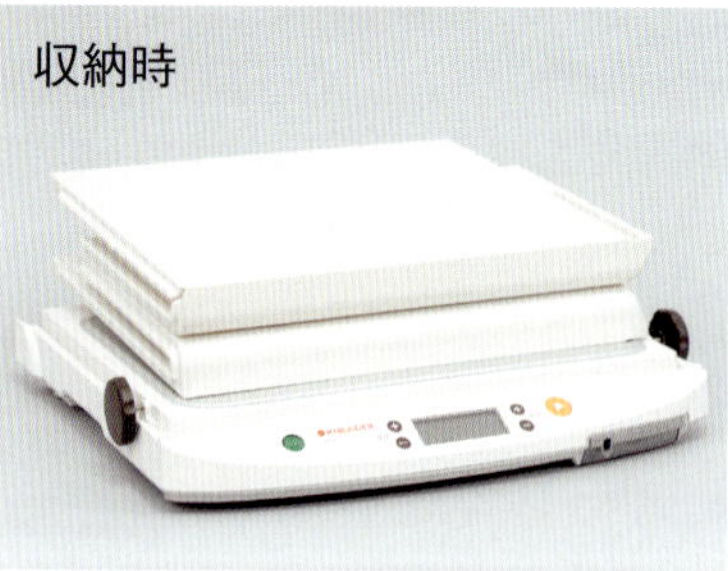

発酵が正確に行えるうえ扱いやすくて重宝

ドアが透明なので発酵のようすが確認しやすい。折りたたんでコンパクトに収納でき、デジタル表示なので、温度や時間の設定が簡単。/日本ニーダー

one more

正しい環境で発酵を促す

温度も湿度もちょうどよいため、イーストの活動が活発になり、発酵がしっかりと進む。乾燥や冷たくなるのも防止できるので、パンづくりにはとても便利。

役立つ道具③

ニーダーを知る

パンづくりの一番の難関、「こねる」作業が簡単に！絶妙な動きで生地を正確にこね上げます。労力が減るので、あるととても便利です。

パンづくりの労力が半減「こね」専用のマシーン

生地を入れると、絶妙な動きで生地をこねる機械です。手ごねのように丁寧にこねるうえ、ふたをすればそのまま発酵をとれ、さらにガス抜きもできるので、ニーダーがあれば、パンづくりの労力が減ります。

そのため、こね足りないということが起こらないので、焼き上がりの失敗を減らすことができます。忙しいけれど、手づくりのパンが食べたいという人にはおすすめです。

ただし、機械によっては摩擦によって温度が上がり、生地がだれることがあるので夏の使用は水温の調整などでの注意が必要です。

特殊な動きのパンこね専用機

360度全方向から生地を傷めずに、職人のようにこねる。こね過ぎによる生地のだれも起きにくい。静音設計なので夜も気にせずに使用可能。/日本ニーダー

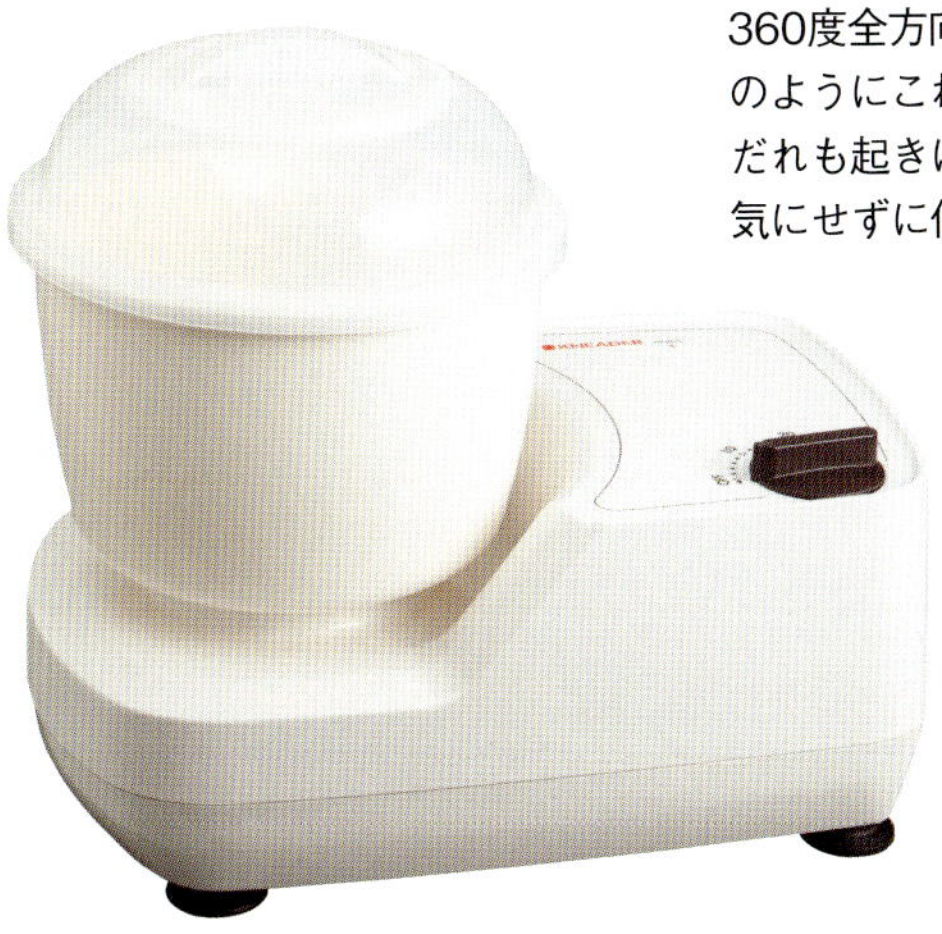

1 生地を入れてスイッチを押すと、生地が手ごねのような動きでこねられる。

2 生地が周囲に張りついてきたらカードで落とすとよい。

3 だんだんと生地がひとつにまとまってくる。グルテンをチェックして、こね上げを判断する。

役立つ道具4

ホームベーカリーを知る

そのまま自動的にパンが焼けるという機能はもちろん便利です。手づくりするなら、部分的に工程を任せるという賢い使い方もおすすめ。

機械任せで安心 珍しいパンにも挑戦できる

ホームベーカリーは、基本的にはこねから焼き上げまでを自動でやってくれる機械なのですが、毎回同じ形に焼き上がったり、オーブン機能が予熱からスタートするために、クラスト（外側）が厚くややかためになることもあります。

パンづくりに慣れてきたのであれば、ニーダーとしてこねの部分を、または発酵機能までを利用するという使い方がおすすめです。それ以降は、生地を取り出して、自分で好きな大きさに分割したり、成形したりしてパンをつくるとよいでしょう。

ただし、こねの部分のみ使用する場合でも、グルテンの膜のチェックは忘れずに行ってください。

こねから焼成まで ひとつで何でもこなせる

生地を温めながらこね、約60分で焼き上げる機能も搭載。グルテンが十分に生成されてからイーストを自動投入する機能も。焼き上がりを予約できるタイマー付き。/パナソニック（SD-BMT1000）

最近のホームベーカリーは多機能満載！

ホームベーカリーに、パン以外にもパスタやもち、うどんなどがつくれるという機能は今やあたり前。最新のホームベーカリーは、より本格的なパンがつくれるように工夫されています。たとえば、パンの内側（クラム）がよりふんわり、もちもちとした食感を味わえるような機能があったり、マーブルパンを成形する際に一度取り出さなければならなかったのが、自動的に生地にココアなどを混ぜ込む操作ができたりします。

また、通常は夜に仕込みをして、朝おいしく食べられるというホームベーカリーですが、約60分の短時間でこねから焼成までを行い、パンが仕上がるという時短機能もあります。

もっと、もっとパンを楽しむために

パンの保存法

手づくりのパンはなるべく早めに食べきりたいですが、乾燥を避ければ2～3日は保存可能。
冷凍できるものもありますが、不向きなパンもあるので注意しましょう。

劣化してしまう前に賢く保存を!

余ったパンは乾燥しないようにビニール袋に入れて室温で保存します。なるべく2～3日以内には食べきるのが理想です。

食べきれないようなら、食パンなどシンプルな配合のパンであれば冷凍保存も可能。冷凍する場合、ビニール袋または保存容器に入れて冷凍庫に入れます。冷凍した場合でも1～2週間程度で食べきるようにしましょう。ラップはすき間ができやすいので、ビニール袋のほうがおすすめです。

パンを冷凍した場合の解凍方法は、ソフト系のパンは冷凍庫から出してやわらかくなるまで自然解凍します。トースターで焼いてもよいですが皮がかたくなります。ハード系のパンは、冷凍庫から出して約30分ほど自然解凍したものを、霧吹きをして200℃以上のオーブンで5～7分焼くとよいでしょう。

○ 冷凍できるパン

副材料が少なくシンプルな生地ならOK

バターロールや食パンなどは冷凍保存可能。ただし、長期間の保存はゆっくりとですが、水分が失われていくのでNG。

× 冷凍できないパン

揚げたパンや惣菜パンはNG

ドーナツやカレーパンなどのように揚げたパンや、惣菜パンや生の果物を使った菓子パンなどは、冷凍には不向き。早めに食べる。

パンづくり用語集

【グルテン】

グルテンは生地をこねることによって形成される網目状の組織。イーストが生成したガスをグルテンの膜がキャッチすることでパンがふくらむ。


【腰折れ（ケーブイン）】

主に型焼きパンに起こる、生地の側面が折れる現象。発酵させすぎたり、焼き足りなかったり、型に入れっぱなしにしておくと腰折れが起こりやすくなる。


【水和】

小麦粉の細かい粒が水に浸透すること。水の分子と粉の分子がくっつき、パンの焼き上がりの水分として残る。


【ストレート法】

材料を全て使い一度に混ぜて生地づくりをする方法。直こね法とも呼ばれる。全所要時間が短く、材料そのものの味がダイレクトに出やすい。


【天然酵母】

果実や穀物についている酵母を培養したもの。イーストにくらべて発酵力が弱く手間もかかるが独特の風味やうまみが得られる。温度にとても敏感。


【発酵種】

材料の粉の一部とイースト、水を混ぜ、発酵させたパン生地のこと。本ごねのときに混ぜてさらに発酵させることで本ごねの発酵時間が短縮できる。


【折り込み】

中にバターをはさんで生地を折りたたんでいく作業。折りたたむことで生地に層ができる。クロワッサン生地などをつくるときに行う。


【可塑性】

力によって形を変え、その形を保持する性質。パンづくりにおいてはバターなどの固形油脂に可塑性があり、生地に加えることで成形がしやすくなる。


【糊化】

小麦粉に含まれるでんぷん質が熱湯を加えられるなどによって粘性の強い糊状になること。α化とも呼ばれ、パンがもちもちとした食感になる。


【クープ】

焼く直前に生地に専用のクープで入れた切り込み。ハード系のパンの火の通りをよくし、表面の模様にもなる。


【クラスト】

焼き上がったパンの外をかためる外皮の部分のことを指す。焼きたては乾燥してもろいが、時間がたつにつれてかたくなる。


【クラム】

パンの内側の白い部分のこと。内側からクラストを支える。クラムの目の細かさはこねる時間などによっても変化する。

【ベンチタイム】
発酵後の生地を分割し、丸めてしばらく休ませること。分割直後は生地が締まりのびが悪いので、いったん休ませてゆるませ成形しやすくする。

【ホイロ】
最終発酵ともいう。成形した生地をもう一度発酵させる工程のこと。ホイロを行うことで生地を最大限までふくらませ、焼き上がりをふっくらさせる。

【ベーカーズパーセント】
各材料の分量を、粉の総重量を100%として表したもの。世界共通のものとして使用されている。

【モルトシロップ】
麦芽を使ってデンプンを糖化させたときにできるもの。パン生地に加えるとイーストに栄養補給させることができる。

【ライ麦粉】
イネ科の植物であるライ麦を挽いたもの。ライ麦はグルテンを形成しないためふくらみやしっとりとした食感に欠けるが水分を保持してくれる長所がある。

【冷蔵発酵】
パン生地を冷凍庫で発酵させること。ブリオッシュなど油脂が多くて作業しづらい生地を冷やす。成形などの作業を行いやすいようにする。

監修者紹介

坂本りか（さかもと　りか）

大阪あべの辻製菓専門学校卒業後、同校職員として大阪で4年、東京で12年間勤務。2003年から府中市で4年、世田谷区で7年、「パン教室Bread & Sweets」を主宰。現在も世田谷区成城でパン教室を営む。著書に「イチバン親切なやさしいパンの教科書」（新星出版社）などがある。

パン教室Bread & Sweets　http://www.pan-to-okashi.jp

STAFF

パン制作	坂本りか
制作協力	山根夕夏（教室STAFF）、伊藤元子、村田睦美
撮影	長崎昌夫
イラスト	エダりつこ
カバー・本文デザイン	坂本真理、星野愛弓（mill design studio）
DTP	ニシ工芸株式会社
校正	株式会社鷗来堂
編集協力	古里文香、長縄智恵、矢作美和、大澤芽衣、茂木理佳、川上萌、岡田好美（バブーン株式会社）
編集担当	梅津愛美（ナツメ出版企画株式会社）
画像協力	パナソニック株式会社（217、220ページ） 日本ニーダー株式会社（218、219ページ） リンナイ株式会社（217ページ）

パンづくりの失敗《しっぱい》と疑問《ぎもん》をスッキリ解決《かいけつ》する本《ほん》

2014年10月30日　初版発行
2015年　3月10日　第3刷発行

監修者　坂本《さかもと》りか　　Sakamoto rika,2014
発行者　田村正隆
発行所　株式会社ナツメ社
東京都千代田区神田神保町1－52　ナツメ社ビル1Ｆ（〒101-0051）
電話 03-3291-1257（代表）　FAX 03-3291-5761
振替 00130-1-58661
制　作　ナツメ出版企画株式会社
東京都千代田区神田神保町1－52　ナツメ社ビル3Ｆ（〒101-0051）
電話 03-3295-3921（代表）
印刷所　株式会社リーブルテック

ISBN978-4-8163-5653-7　Printed in Japan